新訳 平和の経済的帰結

The Economic Consequences of the Peace, 1919

ジョン・メイナード・ケインズ
John Maynard Keynes〔著〕
山形浩生 Yamagata Hiroo〔訳・解説〕

東洋経済新報社

本書は、山形浩生による『平和の経済的帰結』(ジョン・メイナード・ケインズ著)
の新訳である。
原題は、*The Economic Consequences of the Peace*、
初版は1919年に、Macmillanより刊行された。

序文

本書の著者は戦争中、一時的にイギリス財務省に所属し、1919年6月7日までパリ講和会議で財務省の公式代表だった。また、最高経済会議ではイギリス財務大臣の副官を務めた。平和協定草案について大幅な改訂の見込みがまったくないことが明らかになった時点で、著者はこれらの役職を辞任した。この協定、いやむしろヨーロッパの経済問題に対する同会議の方針すべてに対する著者の反対の理由を、この先の章に示す。これらの内容は完全に公的な性格のものであり、全世界に知られている事実に基づいたものだ。

J・M・ケインズ

1919年11月

ケンブリッジ、キングズカレッジ

新訳 平和の経済的帰結 目次

第1章

序論

Chapter I.
Introductory

人類の顕著な特徴として、自分を取り巻く環境をあたりまえのものと思ってしまうということがある。西ヨーロッパが過去半世紀にわたり頼ってきた経済的な仕組みが、きわめて異例で、不安定でややこしく、信頼できない、一時的なものでしかないということを、はっきり認識している人はほとんどいない。

人々は自分たちの最近の経済的に恵まれた仕組みの中でも、最も特異で一時的な部分について、あたりまえで、永続的であり、あてになるものだと考えて、それに基づいて計画を立てている。この砂のように不安定な偽りの基礎に基づき、私たちは社会の改善を企み、政治的な綱領をまとめ、各国の敵意や個別の野心を追求し、ヨーロッパという家族の内戦を、和らげるどころか助長するだけの余裕が手元にあると思い込んでいる。

いかれた妄想と無謀な自負にかられ、ドイツの人々は私たちみんなが暮らし、造り上げてきた基礎をひっくり返した。しかし、フランス国民とイギリス国民の代弁者たちは、ドイツが始めた荒廃を悪化させる危険を冒している。すでに戦争で震撼し破壊された、繊細で複雑な仕組みを回復させることもできるのに、かれらが求めている平和条約が発効されてしまえば、そうした仕組みをかえって壊してしまう。だがその繊細で複雑な仕組みがなければ、ヨーロッパの人々の雇用と生活は不可能となってしまうのだ。

1つの時代が終わったというのに、イギリスで生活のうわべだけを見ていると、いまだにそれを感じることも認識することもできない。私たちはとぎれた生活を、再びつなぎとめることにかまけているが、１つだけ違いがあって、多くの人が以前よりずっと豊かに見えるということだ。戦争の前には、使っていたのは何百万ポンドであったが、いまや何億ポンド費やしても、別にそれで苦しむことはないのだと学んだ。どう見ても私たちはこれまで、経済生活の可能性を最大限に活用してこなかったのだ。

だから私たちは、１９１４年の快適な生活に戻れると確信しているだけでなく、それが膨大に広がり、強化されるものと思い込んでいる。あらゆる階級が一様に計画を立てている。金持ちはもっとお金を使い貯蓄を減らそうとし、貧しい者はもっと消費して労働を減らそうとしているのだ。

しかし、時代の変化にこれほど鈍感なのはイギリス（とアメリカ）だけなのかもしれない。ヨーロッパ大陸では、大地は鳴動し、その地響きに気がつかない者などいない。かの地では、これは単なる奢侈や「労働問題」にとどまるものではなく、生死に関わる問題であり、飢餓と生存に関わるものであり、死にゆく文明の怯えた痙攣に関わる問題なのだ。

＊　＊　＊　＊　＊

休戦に続く６カ月の相当部分をパリで過ごした者にとって、たまにロンドンに帰るのは奇妙な体験だった。イギリスは今でもヨーロッパの外にある。ヨーロッパの声なき震えはイギリスには伝わらない。ヨーロッパは離れており、イギリスはヨーロッパの肉体には属さないのだ。しかし、ヨーロッパは不可分だ。フランス、ドイツ、イタリア、オーストリア、オランダ、ロシアとルーマニアにポーランドは、鼓動をともにし、その構造と文明は基本的には一体である。これらの国々はともに栄え、戦争ではともに震撼してきた。私たちイギリスは、この戦争ですさまじい貢献や犠牲を払ったにもかかわらず（私たちより程度は劣るがアメリカと同様に）、経済的には蚊帳の外だ。そして、かれらは倒れるときも一蓮托生なのだろう。これこそ、パリ講和会議が破壊的な意味合いを持ちかねない理由だ。

ヨーロッパの内戦が終わるにあたり、フランスとイタリアが一時的な勝利の力を濫用し、いまや降伏したドイツとオーストリア＝ハンガリー帝国を破壊しようとするなら、フランスとイタリアは自らの破滅をも招くことになるのである。というのも両国は、認識されていない精神的、経済的なつながりにより、実に深く分かちがたい形で、その被害国と絡み合っているのだから。

いずれにしても、パリ講和会議に参加し、この期間に連合国側の最高経済会議の一員だったイギリス人たる私は、当人にとっても新しい体験ながら、その配慮事項や見通しにおいてヨーロッパ人となるしかなかった。ヨーロッパ体系の神経中枢にいるうちに、私のイギリス的な固定観念はほとんど消えてしまい、他のもっと恐ろしい亡霊につきまとわれるようになってしまう。

パリは悪夢であり、そこにいる人物は1人残らず病的だった。その浮ついた場面の上に、目前に迫った災厄の予兆がたれこめていた。目の前にある未曾有の災いに直面したときの人の頼りなさと矮小ぶり。そこで行われる決断の重要性と非現実性のごたまぜ。軽率さ、盲目性、傲慢さ、外部からの混乱した叫び――古代悲劇の要素がすべてそこにあった。確かに、フランスの国家サロンの劇場じみたしつらえの中にすわっていると、不動の色調と変わらぬ特性を見せているウィルソンやクレマンソーの非凡なる容貌が、何やら奇妙な芝居や人形劇の悲喜劇仮面に見えてきて、本当に人間の顔なのかどうかも疑問に思えてくるのだ。

パリでの議事は、何やら極度の重要性とどうでもよさの雰囲気を常に同時に漂わせていた。そこでの決断は、人間社会の将来について多大な影響を持っているようだった。しかし、その言葉には内実がなく、無意味で、どうでもよく、何の影響も持たず、現実の出来事から遊離していると、その場の雰囲気が囁いていた。そして、『戦争と平和』でトルストイが描いたり、『覇王たち』でハーディが描いたりしたような、運命づけられた帰結に向かって出来事が行進し続けているだけであり、最高経済会議の国士たちの思索などそこに何の影響も感化も与えていないという印象を何よりも強く感じるのだ。

年月の精：
内なる無配慮からいまや悪鬼のごとき行いへと
向かうこの群集より、あらゆる広き視野と自制が
失われる様を見よ。残るはただ

ここ強き者たちの間にある復讐心
そして弱き者の間の無力な怒りのみ。

哀れみの精：
なぜ意志はこのように、道ならぬ形の行いをそそのかすのでしょうか？

年月の精：
すでに汝に告げたように、それは意図せずして作用するのだ。
憑かれた者たちであり判断する者たちではないのだから。

パリでは最高経済会議とつながりがある者たちは、連合国側か敵国側かを問わず、中央ヨーロッパと東ヨーロッパにおける悲惨、無秩序、崩壊しつつある社会的まとまりについて、ほとんど毎時間ごとに報告を受け取っており、ドイツとオーストリアの財務代表の口からは、自国のすさまじい疲弊ぶりに関する反論の余地なき証拠を伝えられていた。そうした中で、時折、四人会議〔訳注：ヴェルサイユ会議の基本方針を決めたアメリカ、イギリス、フランス、イタリアの首脳会議。詳細は第3章参照〕の4人が空疎かつ不毛な陰謀の中でその運命を実現しつつある、大統領官邸の暑く乾燥した部屋を訪れるのは、悪夢感を強めるだけだった。

しかしパリでは、ヨーロッパの問題はひどく切迫したものだったので、そうしたものをまったく意に介さないロンドンにたまに戻ると、いささか当惑させられた。というのも、ロンドンではこうした問題はずいぶん遠くの話でしかなく、イギリス自身のもっとつまらない問題しか気にかける必要はないとされていたからである。ロンドンは、パリ会議の進行が大混乱に陥っていると思ってはいたが、それでも無関心なままだった。このような精神により、イギリスの人々はパリ平和条約を読みもせず受け取った。

しかし、本書が書かれたのはロンドンではなくパリの影響の下でのことだ。そして、それを書いた私はイギリス人ではあるが、自分が同時にヨーロッパ人だとも感じている。私は、あまりに赤裸々な最近の体験のため、現代における大いなる歴史ドラマのさらなる展開に対し、無関心ではいられないのだ。それは大いなる制度や国の仕組みを破壊するだけでなく、新しい世界を創り出すかもしれないからである。

第2章

戦争前のヨーロッパ

Chapter II.

Europe before the War

1870年以前には、小さなヨーロッパ大陸のそれぞれの地域は、独自の生産物に特化していた。だが全体として見ると、ヨーロッパはおおむね自給自足の状態だった。そして、その人口はこうした環境に適応していた。

1870年以後、空前の状況が大規模に展開したため、ヨーロッパの経済情勢は、その後50年にわたって不安定かつ特異なものとなった。人口の増加が食糧にもたらす圧力は、その時点でもすでにアメリカからの供給で均衡していたのだが、それが史上初めて決定的に逆転した。人口が増えるにつれて、食糧はむしろ確保しやすくなった。生産規模の増大に伴う収穫率の増大が、工業だけでなく農業でも見られるようになったのだ。

ヨーロッパの人口増加により、一部のヨーロッパ人は新興国の土地を耕す外国移住者となった。一方で、ヨーロッパ内でも、工業製品や資本財を作る労働者が増えた。かれらが生産した製品により、外国移住者たちは移住先に落ち着けるようになり、遠くの産地から食品や原材料をヨーロッパに運びやすくする鉄道や船を造れるようになった。およそ1900年あたりまで、労働力1単位を工業に投入して得られる購買力で、ますます多くの食品が買えるようになった。1900年頃になると、このプロセスは逆転し、人間が努力を増やしても自然からの収穫は再び逓減を始めた可能性はある。しかし、穀物の実質価格の上昇傾向は、他の改善で相殺された。

そして——多くの目新しい変化の1つとして——熱帯アフリカの資源が初めて大量に活用されるようになり、油用種子の大量輸送によって、ヨーロッパの食卓に、人類にとって最も基本的な食品の1つが新鮮なまま安く届くようになってきた。かつての経済学者たちなら、これを経済的黄金郷、経済的ユートピアと見なしただろうが、私たちの大多数はその中で育ってきたのだった。

こうした幸福な時代により、私たちの政治経済学の創始者たちを根深い憂鬱で満たしていた世界観は消えた。18世紀以前の人類は、妙な楽観論など抱いたりはしなかった。その時代の末期に人気を博した幻想を確固たるものにすべく、マルサスは悪魔を暴露した。半世紀にわたり、あらゆる重要な経済学の著作は、その悪魔を大前提として書かれていた。それに続く半世紀で、その悪魔は鎖につながれ、視界から消えた。だがいまや私たちは、再びその悪魔を解き放ったのかもしれない。

1914年8月［訳注：第一次世界大戦の開戦］に終わりを迎えたその時代は、人類の経済的進歩において、何と驚異的な時期だったことだろう！　確かに、人口の過半数は、仕事もつらく、生活もさほど快適ではなかった。それでも、あらゆる面から見て、かれらはこの宿命にそこそこ満足していた。そのうえ能力や人格が平均より多少なりとも上の人間であれば、だれでも中流階級や上流階級へと逃れられた。それらの階級での生活は、わずかな費用と最小限の手間をかけるだけで、他の時代なら最も豊かで強力な独裁者ですら手の届かないほどの利便性、快適性、アメニティを提供してくれた。

ロンドンの住民は、ベッドの中で朝の紅茶をすすりながら、電話1本で世界中の各種産物を、いくらでも欲しいだけ注文できたし、その注文品はほぼ確実に、ほどなく自分の玄関にまで配達された。同時にそれと同じ手段によって、世界のどんな地域にある天然資源や新事業にでも、自分の資産を投資できたし、その将来的な果実や利得の分け前も、何の努力も手間もかけずに手に入った。

あるいは、自分の財産の安全性を、気まぐれや情報が推奨するままに、どの大陸のどんな大都市であれ、そこの市民たちの善意に預けることだってできた。お望み次第では、パスポートやその他手続きなどなしに、どんな国や気候地帯であろうと、安く快適な旅行手段を確保できたし、召使いを近所の銀行支店にやって、意のままの量の貴金属供給も受けることができた。そして行き先の宗教も言語も習俗も知らなくても、貨幣という形で富を持てば、異境に向かえるし、そこに少しでも邪魔が入れば、それは実に不当なことだと驚愕するのが当然だと思っていたのである。

だが何よりも重要な点として、人々はこの状態が普通で、確実で、永続的か、変わるにしてもさらに改善されるしかありえないと思っており、そこから少しでも逸脱があれば、それは異常なことであり、とんでもない話であり、回避できたはずだと思っていたのだった。

軍国主義や帝国主義、人種や文化の競合、独占、規制、排除の構想と政策は、この楽園におけるる蛇の役割を果たすはずだった。だがそうしたものは、日々の新聞に載る娯楽の種でしかなく、社会経済の通常の方向性にはほとんど影響を与えないように思えた。社会経済の国際化は、実際問題としてはほぼ完成したと思われていたのだ。

　私たちが敵国に対して押しつけた平和条約の性質と影響を正しく理解する一助として、戦争勃発時点でヨーロッパの経済生活にすでに存在していた、主要な不安定要素の一部について、さらに詳しく説明しておこう。

I　人口

　1870年にドイツの人口はおよそ4000万人だった。1892年にはこの数字が5000万人となり、1914年6月20日には約6800万人となった。戦争直前の数年だと、毎年の人口増加は85万人で、そのうち外国移住者の割合はきわめて小さい[1]。この激増は、ドイツの経済構造の大幅な変化があって初めて可能になった。もともと農業国でおおむね自給自足だったドイツは、巨大で複雑な工業機械へと変身を遂げたのだ。

　その機械の稼働はドイツ国内だけでなく、国外の多くの要因のバランスに依存していた。この機械を止めることなく全力で動かし続けることで、ドイツは増大する人口のために、自国内でなんとか仕事を用意できたし、生存に必要なものを外国から購入する手段も得られた。ドイツという機械はコマのようなもので、均衡を保つためにはますます高速に回転するしかなかったのだ。

オーストリア＝ハンガリー帝国は、1890年には4000万人ほどの人口で、大戦勃発時には少なくとも5000万人を超えており、小規模ながらもドイツと同じ傾向が生じていた。毎年、出生数が死亡数を50万人程度上回っていたが、そのうち毎年約25万人が外国移住していた。

現状を理解するには、ドイツ的システムの発展のおかげで、中央ヨーロッパがどれほどすさまじい人口集中地区になったのか、はっきりとつかんでおかなくてはならない。戦争前には、ドイツとオーストリア＝ハンガリー帝国の人口を合わせると、アメリカ合衆国の人口をはるかに上回っていただけでなく、北アメリカ大陸全体の人口とほぼ同じだった。これだけの人口が、コンパクトな領土の中に置かれていたという事実に中央ヨーロッパ同盟国の軍事的強みがあった。しかし、この同じ数の人々――というのも、戦争でもその数はあまり減っていないからだ[2]――が生活手段を奪われたとしたら、ヨーロッパの秩序にとっての危険性は、その軍事力に負けないほどのものとなってしまう。

ヨーロッパ内のロシアは、ドイツよりさらに大幅に人口を増大させた――1890年には1億人に満たなかったのが、開戦時には1・5億人ほどになった[3]。そして、1914年の直前の数年には、ロシア全体として見た出生数と死者数の差は、年200万人というとんでもない勢いとなっていた。このようなロシアの人口の異常な増え方は、イギリスではあまり広く認知されていなかったが、それでも、最近における最も重要な事実の1つなのだ。

歴史上の大事件はしばしば、人口増などの根本的な経済的原因に基づいた、世俗的な変化によるものだ。そうした変化はゆっくりしているため、同時代の観察者の目には留まらない。このため各種の大事件は、政治家たちの愚行や無神論者たちの過激主義のせいにされてしまう。

だから、ロシアにおける過去２年の驚異的な出来事、つまり、きわめて安定と思われたもの――宗教、財産の基盤、土地所有や政府形態と階級の上下関係――をひっくり返した社会のすさまじい変化は、レーニンやニコライ皇帝よりも、人口増加という深い影響に基づいているのかもしれない。そして、慣習の絆を破るのに大きく貢献したのは、思想の力や専制政府の過ちのいずれよりも、国民の過剰な多産性が持つ破壊的な力だったのかもしれない。

Ⅱ　社会的まとまり

こうした人々の暮らしを作り上げていた、デリケートな社会的まとまりは、部分的にはそのシステムに内在する要因に依存していた。

国境や関税による介入が最小限に減らされたので、ロシア、ドイツ、オーストリア＝ハンガリーという3帝国には3億人近い人々が暮らしていた。各種の通貨は、どれも黄金や他通貨との関係で安定した価値に保たれており、資本と貿易の流れを容易にしていた。この利点を奪われた今になってやっと、私たちはその価値の全貌を認識するに至っている。この広大な地域では、財産と身体について、ほぼ絶対的な安全性が確保されていた。

これまでのヨーロッパでは、これだけの秩序、安全性、均質性が、かくも広大で人口の多い地域で、これほど長きにわたり享受されたことはなかった。この3要因のおかげで、新たな人口の密集する都心で工業的な生活秩序を可能にする、輸送機構、石炭流通、外国貿易という莫大な仕組みが組織できるようになった。このことはあまりに知れ渡っているので、詳細な数字の裏付けは必要あるまい。それでも、石炭の数字を見るとその様子がわかる。石炭は中央ヨーロッパでも、イギリスと同じくらい工業発展に重要な意義を持っていた。ドイツの石炭生産量は、1871年には3000万トンだったのが1890年には7000万トンとなり、1900年には1・1億トン、1913年には1・9億トンへと増えている。

ドイツを中心として、その他のヨーロッパ経済システムがまわりに結集した。このためヨーロッパ大陸の他の部分の発展は、ドイツの発展と事業性にほぼ依存していた。ドイツの成長が加速することで、近隣国の生産物は売り先ができ、その代価として、ドイツ商人の事業性が、近隣国に主要な必需品を低価格で提供したのだった。

ドイツとその近隣諸国との経済的相互依存を示す統計データは、圧倒的なものである。ドイツはロシア、ノルウェー、オランダ、ベルギー、スイス、イタリア、オーストリア＝ハンガリーにとっては最大の顧客だった。イギリス、スウェーデン、デンマークにとっては第2位の顧客だ。

フランスにとっては第3位の顧客となる。ロシア、ノルウェー、スウェーデン、デンマーク、オランダ、スイス、イタリア、オーストリア＝ハンガリー、ルーマニア、ブルガリアにとっては最大の供給元であり、イギリス、ベルギー、フランスにとっては第2位の供給元だ。

私たちイギリスの場合でも、ドイツにはインド以外の世界のどの国よりも多くの輸出品を送り出しているし、アメリカ以外のどの国よりも多くのものをドイツからは買っている。

ドイツより西側の諸国を除けば、ヨーロッパ諸国の中で総貿易額の4分の1以上がドイツ相手でない国は1つもない。そして、ロシア、オーストリア＝ハンガリー、オランダでは、ドイツとの貿易比率はそれよりずっと高いのだ。

ドイツはこうした国々に貿易を提供していただけでなく、一部の国に対しては、発展に必要だった資本の相当部分も提供している。ドイツの戦前の対外投資は総額で12・5億ポンドほどであり、そのうち、ロシア、オーストリア＝ハンガリー、ブルガリア、ルーマニア、トルコに5億ポンド弱が投資されている。そして、この「平和的浸透」システムにより、ドイツはこうした国々に資本だけでなく、かれらがそれに負けず劣らず必要としていたもの、つまり社会的まとまりを与えた。こうして、ライン川以東のヨーロッパ全体はドイツの産業的な軌道に飲み込まれ、その地域の経済生活も、それに合わせて調整された。

しかし、こうした内部要因だけでは、これだけの人口を養えるようにはならなかっただろう。そのためには、外部要因の協力も必要であり、またヨーロッパ全体に共通するある一般的な傾向も必要だった。これまで述べた状況の多くも、中央ヨーロッパの各帝国に限った話ではなく、ヨーロッパ全体にも当てはまるものもかなりあった。しかし、以下に述べることはすべて、ヨーロッパのシステム全体に共通することなのである。

Ⅲ 社会心理

ヨーロッパは社会的にも経済的にも、資本の最大限の蓄積を確保すべく組織されていた。大衆層の日々の生活条件も、確かに多少の継続的改善は見られたが、この社会の仕組みだと、増大した所得の相当部分は、それを最も消費しそうにない階級の懐に入った。19世紀の新しい富裕層は、巨額の支出をするような育ちではなく、目先の消費による喜びよりも、投資が与えてくれる権力のほうを望んだ。実のところ、この時代を他のあらゆる時代とまったく違うものにしている、固定資産や資本改良の莫大な蓄積を可能にしたのは、まさに富の分配の**格差**だったのだ。

実はこれこそ、資本主義システムを正当化する主な根拠だ。もし、金持ちが新しい富を自分自身の享楽のために費やしていたら、世界はとっくにそんな体制を耐えがたく思ったことだろう。しかし、かれらはミツバチのように貯蓄して蓄積し、それが社会全体の利益となったのである。当の金持ちたち自身は、狙いとしてもっと狭い了見しか持っていなかったにもかかわらず。

固定資本の莫大な蓄積は、人類にとって実に好都合なことに戦争前の半世紀にわたって積み上がっていった。富が平等に分け与えられる社会では、これは決して実現できなかったはずだ。世界の鉄道網は、この時代が子孫への記念碑として作ったものだが、自分たちの努力と十分に見合う金額を、目先の享楽のために自由には消費できなかった労働の産物だったという点で、エジプトのピラミッドにいささかも劣るものではない。

つまり、この優れたシステムは、二重のはったり、または二重の詐術に依存して成長したのだった。一方では、労働階級は、無知のせいか無力のせいか、あるいは習慣、因習、権威、社会に確立した秩序により説得、納得、籠絡されたせいか、自分たちが自然や資本家たちと協力して生産したパイのうち、自分のものにできるのはごく一部でしかない状況を、受け入れさせられてしまっていた。そしてまた一方では、資本家階級はそのパイの大部分を自分のものと呼ぶことが許され、理論的にはそれを自由に消費できた。ただし、その根底にある暗黙の条件は、実際にはそのごく一部しか消費しないということだった。

「貯蓄」の義務が世の美徳の9割を占めるに至り、パイの成長はまさに宗教的な崇拝対象となった。そのパイの非消費を核に、ピューリタニズムの各種本能が成長してきた。そうした本能は、他の時代なら表には出てこなかったし、享楽だけでなく生産の技芸をも潰してしまったものだ。

そんなわけで、パイは成長した。しかし、それが何のための成長なのかは明確には考察されなかった。個人は、禁欲ではなく欲望を先送りにするよう説得され、安全と期待の喜びを涵養するよう推奨された。貯蓄は老後のためか子どもたちのためにやることだった。だがこれは、単なる理屈の上でしかない――このパイの美徳は、それが自分自身にだろうと、後代の子どもたちにだろうと、決して消費されることはない、ということだ。

こう書いたからといって、その世代のやり方を決してけなすわけではない。無意識の奥底で、社会はその狙いを知っていたのである。パイは消費の欲求に比べて非常に小さいので、それを均等に共有したところで、その切り分けでだれ1人として大して裕福にはならない。社会は今日のわずかな喜びのために動いていたのではなく、将来の安全性と人類の改善のため――つまりは、「進歩」のために動いていたのだ。

パイが切り分けられず、人口についてマルサスが予言したような、また複利についてもまったく同じように当てはまる、幾何級数的な成長が実現された場合にのみ、少なくとも万人に行き渡るくらいのパイがいつかやっとできて、子孫も**私たちの**労働の恩恵を享受できるかもしれない。その日には、過労や過密や食糧不足は終わりを迎え、人類は肉体上の安楽と必需品を確保し、自分たちの能力をもっと気高く使えるようになるだろう。人口と複利の幾何比率同士が相殺し合って、19世紀は人類の多産性を忘れ、複利への目もくらむほどの美徳に思いをはせたのだった。

しかし、この見通しには2つの落とし穴があった。人口が相変わらず蓄積以上の速さで増えれば、私たちの自己否定は幸せをもたらさず、単に人口の数字を増やしてみせるだけとなること。そしてそのパイが結局は、そうした希望のすべてを蕩尽する戦争によって、目的を果たす前に消費し尽くされてしまうこと、の２つである。

これらの話は、本書の狙いから遊離しすぎてしまった。ここでは、格差に基づく蓄積という原理が、ヨーロッパ社会の戦前秩序と、当時私たちが理解していた進歩の重要な一部だったと指摘したいだけだ。そして、この原理が不安定な心理条件に依存しており、再現不可能かもしれないということも指摘したい。

ある人口群のうち、生活の豊かさを享受した人があまりに少ないのに、これほど莫大な蓄積を実現するのは不自然だった。戦争は、すべての人に対して消費の可能性を示し、多くの人に禁欲の空疎さを明らかにしてしまった。つまり、はったりがバレてしまったのである。労働階級はもはや、これまでほど大幅にピンハネされるのを承知しないかもしれず、資本家階級はもはや未来に安心できず、自分たちの消費の自由をもっとありったけ享受しようとして、その結果、自分たちの消費の自由の終焉を早めかねない。

Ⅳ 旧世界と新世界の関係

戦前におけるヨーロッパの蓄積習慣は、ヨーロッパの均衡を維持した外部要因の中でも最大のものが生じるための必要条件だった。

ヨーロッパが蓄積した余剰資本財のうち、かなりの部分は輸出され、その投資は食糧、原材料、輸送手段などの新しい資源の開発を可能とし、同時に旧世界が新世界の天然資源や未開拓の可能性への権利に唾をつけるのを可能にした。この最後の要因が、最大の重要性を持つようになった。旧世界は、こうして引き出し権を与えられた年次の貢ぎ物を、すさまじく律儀に活用した。旧世界の余剰資本が可能にした新開発からは、安く豊富な供給が得られた。その便益は、確かに先送りされることはなく、すぐに享受された。

しかし、こうした外国投資から生じる金利の相当部分は再投資され、蓄積された。それはヨーロッパの工業労働が、他の大陸の産物をこれほど有利な条件で買えなくなり、ヨーロッパの歴史的文明と、他の気候や環境下の急増する人種たちとの間の適切なバランスが脅かされる、今ほど幸福ではない時代のための準備基金（と当時は期待された）として蓄積されたのだった。このように、新資源の開発を故郷で促進した場合でも、それをあえて外国で行おうとした場合でも、ヨーロッパ民族全体が同じように便益を得ることになったのだった。

だが戦争前ですら、旧文明と新資源との間でこのように確立した均衡は脅かされていた。ヨーロッパの繁栄は、アメリカが有する大量の輸出可能な余剰食糧のおかげで、ヨーロッパが輸出品を生産するのに必要な労働と比べれば安く食糧を購入できたという事実に根ざしていた。また、それまでの資本投資の結果として、何も代償を支払わずに相当分の年次の食糧を得られる立場にあったという事実もある。このうち後者は、当時は安泰に思えたが、外国、特にアメリカ合衆国での人口増加の結果、前者はあまり確実ではなくなっていた。

アメリカという処女地が産物を生み出すようになったとき、この大陸自体の人口、ひいてはその大陸自身で必要な食糧は、ヨーロッパと比較してみればきわめてわずかだった。１８９０年時点ですら、ヨーロッパは南北アメリカ大陸を合わせた3倍もの人口を有していた。しかし、１９１４年になると、アメリカ合衆国の小麦の国内需要は、その生産高に近づいており、いずれ輸出可能な余剰が生じるのは例外的な豊作年だけとなる日が明らかに迫っていた。実際、アメリカ合衆国の現在の国内需要は、１９０９〜１９１３年の平均収量の9割以上と推計されている。[4]

だが当時は、その逼迫傾向は、豊富さの欠如という形よりも、むしろ実質費用の着実な上昇という形で表れた。つまり、世界全体で見れば小麦は不足していないが、十分な供給を得るためには、実質価格を上げる必要があったということだ。この状況において最大の救いとなった要因は、中央ヨーロッパと西ヨーロッパがロシアとルーマニアの輸出可能な余剰分により、かなり食いつなげたということだ。

要するに、新世界の資源に対するヨーロッパの権利主張は危うくなっていたわけだ。収穫逓減の法則がついに復活し、おかげで同じ量のパンを獲得するのに、ヨーロッパは毎年のようにますます多くの他の商品を提供しなくてはならない状態となっていた。したがってヨーロッパは、主要な供給源がどれ1つとして、不穏な状態になるのを容認できない状態となった。

1914年のヨーロッパの経済的特異性を描こうとすれば、他にもいろいろ言える。私は強調のため、不安定の最大の要因を3、4つ選んだ――過剰な人口が、生存のために複雑で不自然な社会的まとまりに依存しているという不安定性、労働階級と資本家階級の心理的不安定性、ヨーロッパが持つ食糧供給に対する権利主張の不安定性と、その食糧供給に対する完全な依存との組み合わせだ。

戦争はこのシステムをあまりに震撼させて、ヨーロッパの生活を丸ごと危険にさらしてしまった。ヨーロッパ大陸の相当部分は病んで死に体だ。その人口は、生活可能な数を大幅に上回った。そのまとまりは破壊され、輸送システムは分断され、食糧供給はすさまじく損なわれた。

講和会議の仕事は、約束を遵守し、正義を果たすことではあった。しかし、それと同じくらい、生活を回復させて傷を癒やすのも仕事だった。こうした作業は、生真面目さのみならず、古来の叡智の中では勝者につきものだとされている、鷹揚さによっても左右されるものだ。これからの章では、平和条約の実際の性質を検討する。

第3章

会議

Chapter III.
The Conference

第4章と第5章では、ドイツとの平和条約の経済的および財務的な条項について多少詳しく検討しよう。しかし、こうした条項の多くの真の起源について理解しやすくするため、その起草に影響を与えた人物の個人的な要素のいくつかをここで検討しておこう。

この作業を試みるにあたり、どうしてもかれらの動機の問題には触れざるをえないが、この動機というものは、第三者は誤解しがちであり、最終判断の責任を負うだけの資格を持ってはいない。

だがもしこの章で、歴史家ならよくやることではあっても、私たちが同時代人に対して、ずっといろいろな知識に基づいて話す場合ですらためらうほどの憶測を行使しているように見えたら、読者諸賢のご寛容を願いたい。

というのも、世界が自分の命運を理解するためには、部分的で不確実な形ではあっても、これまで類を見ない形でこの4人に集約された、意志と目的の複雑な闘争に光を当てる必要があるのだ。この今も続く闘争により、かれらは1919年の最初の数カ月に、人類の縮図的小宇宙となったのだ。

平和条約のうち、私が本書で扱う部分について、主導権を握ったのはフランスだった。これはつまり、フランスがおおむね、真っ先に最も決定的かつ極端な提案を行ったということだ。これは部分的には戦術の問題だった。最終結果が妥協の産物になりそうなら、極端な立場から出発するのが最も賢明であることが多い。そしてフランスは当初から——ほとんどの人々と同様に――妥協の二重プロセスを予想していた。第一の妥協は同盟国や協力国の考えに合わせるためのものであり、第二の妥協は講和会議そのものの過程でドイツ自身に対して行われるものである。

実際の結果から見て、この戦術は妥当だった。クレマンソーは自国大臣たちのいっそう極端な提案を、知的な公平無私の雰囲気を漂わせつつ排除することで、四人会議の他の面々たちの間で、穏健重視の人物という評判を獲得した。

そしてアメリカやイギリスの批判者たちが真の論点について少し無知な部分や、同盟国がフランスを批判しすぎて悪者気分になった部分や、自分がいつも敵国の肩を持ち、敵国の代弁をしているように見えるのではと感じた部分などでは、当然ながらフランスの極端な提案の相当部分が通ってしまった。

そして、イギリスやアメリカの権益にあまり深く関係しない部分だと、かれらの批判も緩み、当のフランス自身もあまり本気ではなかった一部の条項が通ってしまい、さらにドイツとは一切の議論を認めないという決断が最後の最後になって下されたために、修正の機会もなくなってしまったのだ。

しかしこの戦術とは別に、フランスには方針があった。クレマンソーは、クロッツ財務大臣やルシュール軍備大臣などによる主張をそっけなく放棄したり、フランスの利害がもはや議論に関係なくなったら、疲れた様子で目を閉じたりはしたが、どの論点が重要なのかは承知しており、そうした部分ではほとんど譲らなかった。条約の主要な経済方針に表れている知的な思想は、すべてフランスとクレマンソーの思想なのだ。

クレマンソーは四人会議の中で圧倒的に有力な人物であり、他の3人をほぼ完全に見切っていた。自分なりの思想を持ち、同時にその思想が及ぼす影響を考え抜いていたのはクレマンソーだけだった。かれの年齢、人格、ウィット、外見が合わさって、その混乱した環境の中で客観性としっかりした存在感を生み出していた。だれもクレマンソーを軽蔑したり、嫌ったりはできない。文明的な人間の本質に対して、違う見方をしたり、あるいはせいぜい異なる希望を抱いたりしかできないのだ。

クレマンソーの人物像と物腰は万人に知られている。四人会議でかれは、きわめて上質な、分厚くて黒いラシャで仕立てた燕尾服を身につけ、手にはグレーのスエード手袋をはめて、それを決して脱ごうとはしなかった。ブーツは厚い黒革で、きわめて上質ながら、型はカントリースタイルであり、奇妙なことにその前の部分はときどき、靴紐ではなくバックル留めとなっていた。四人会議の定例会（これは階下のもっと小さな部屋で開かれた、かれらの非公式で非公開の会議とは違うもの）が開かれた、大統領官邸の部屋におけるかれの座席は、暖炉を半円形に囲む四角い金襴つきの椅子の中で真ん中に位置するものであり、イタリアのオルランド首相がその左、ウィルソン大統領がさらに左の暖炉脇、ロイド・ジョージ首相は大統領の向かいに位置する、クレマンソーの右隣にすわっていた。

クレマンソーは、書類もファイルも一切持たず、個人秘書の付き添いも一切なかったが、そのときの話題にふさわしいフランスの大臣や高官をまわりに置いていた。その歩き方、手ぶり、声は、力強さに欠けているわけではなかったが、それでも特に［訳注：この講和会議の最中に発生した］クレマンソー狙撃事件の後では、きわめて高齢の老人が重要な機会のために力を温存しているという雰囲気を漂わせていた。あまり口を開かず、最初にフランスの主張を述べるのは、大臣や高官たちに任せた。そしてしばしば、目を閉じ、羊皮紙のような平然とした表情を浮かべ、灰色の手袋に包まれた手を身の前で組んで、椅子に深くすわったままだった。

かれが発言するときには、断言や皮肉といった、短い言葉だけでおおむね十分だった。それは質問であったり、自国の大臣たちを一刀両断に否定してかれらの面子を潰したり、あるいは刺すような口調で数語の英語を述べてその点については譲らないと強調してみせるだけだ。[1]しかし、必要とあらば、雄弁さも情熱も十分に示したし、いきなり言葉があふれ出てきて、それに続いて胸からの深い咳の発作が起こる。そのためその台詞にみんなは納得するというよりも、無理強いと不意打ちにより印象づけられるという具合だ。

ロイド・ジョージ氏はしばしば、英語で演説を行ってから、それがフランス語に通訳される間に暖炉前のじゅうたんを横切ってウィルソン大統領に近づき、ひそひそ話で何やら直接補足のための議論を伝えたり、妥協の可能性について探りを入れたりした――そしてこれがときには、会議全体の混乱と無秩序を引き起こすのだった。大統領の顧問たちがまわりに詰め寄り、一瞬後にイギリス側の専門家たちがバラバラと暖炉前を横切って、話の結論を知ろうとしたり、すべてが順調かどうか確認しようとしたりして、次にフランス人たちが、裏で他の連中が何か仕組んでいるのではといささか疑心暗鬼になってやってきて、やがて部屋中の全員が立ち上がり、英語とフランス語の両方の言語で会話が一斉に始まる。

私が記憶している最後の最も鮮明な印象はまさにそういう場面だった――ウィルソン大統領とロイド・ジョージ首相が、膨れ上がる群集と意味不明な喧噪の中心となり、熱心な思いつきの妥協や対案妥協の応酬が行われ、どのみち実際にはなかった質問をめぐって大騒音と熱狂が立ち上がるが、それが何をも意味せず、その朝の会議の重要な問題は忘れられ、無視されてしまっていた。そしてクレマンソーは、その周縁で黙ったまま、うわの空で――というのも、フランスの安全保障に触れるような話は一切出ていなかったからだ――灰色の手袋をはめたまま刺繍椅子に鎮座し、魂は渇き希望は虚ろなまま、きわめて年老いて疲れた様子ながら、その場面全体を皮肉っぽく、ほとんど悪鬼じみた雰囲気を持ってうかがっている。そして、ようやく静寂が戻り、各人が自分の定位置に戻ってみると、いつのまにかクレマンソーは姿を消しているのだった。

クレマンソーはフランスについて、ペリクレスがアテナイについて感じていたのと同様に思っていた――フランスには独自の価値があるので、それ以外の何も問題ではない、というわけだ。しかし、かれの政治理論はビスマルク式だった。かれが抱いた幻想はたった1つ――フランスだ。

そして抱いた幻滅もたった1つ――人類、それもフランス人を含む人類であり、中でも会議の他の参加者への幻滅は大きかった。

平和条約についてのクレマンソーの原理は、単純明快だ。まず、かれはドイツ人の心理について、ドイツ人が理解できるのは恫喝だけであり、それ以外は何もわからないのだという見解を何よりも信じていた。そして、ドイツ人は交渉において鷹揚さも良心の呵責も一切なく、隙あらばこちらを出し抜こうとし、利益のためならいくらでも平身低頭し、栄誉もプライドも慈悲も持っていないのだと信じていた。

したがって、ドイツ人と交渉したり、懐柔したりしては絶対にいけない。頭ごなしに命じるしかない。それ以外のやり方だと、ドイツ人はこちらを軽視し、だまそうとするばかり、というわけだ。とはいえ、こうした特性がどこまでドイツ人固有のものだとクレマンソーが思っていたのかは不明だ。他の国民についても、ドイツ人についての見方と根本的には大差ない見方をしていたのでは、と思えてしまう。

つまり、クレマンソーの哲学では、国際関係において「感傷性」の入り込む余地はなかった。国というのは現実のものであり、人は一国を愛し、それ以外の国に対しては無関心だ――あるいは憎悪を抱くこともある。自分の愛する国の勝利は望ましい目的だ――しかし、一般にそれは、近隣国を犠牲にして獲得されるものとなる。パワーポリティクスは不可欠であり、今回の戦争についで学ぶべき目新しいことは特にないし、その戦争が行われた目的についても同様だ。

イギリスが、これまで毎世紀ごとにやってきたとおり、貿易の競争相手を破壊したというだけのこと。ドイツとフランスの栄光の間で繰り広げられる長期的な世俗の争いにおいて、大いなる一章が幕を閉じただけなのだ。

愚かなアメリカ人たちや偽善的なイギリス人たちの「理想」については、多少のリップサービスくらいはしておこう。しかし実のところ、この現実の世界において、国際連盟のような代物の居場所がまともにあるなどと信じるのは愚かしいことだ。あるいは、民族自決権の原理などまるでお呼びではなく、例外は勢力均衡を自分に有利に再編するための巧妙な手口としてそれを利用する場合だけ、というのがクレマンソーの本音なのだ。

とはいえ、これらは一般論でしかない。クレマンソーがフランスの権力と安全保障のために必要と考えた、平和条約の実務的な細部をたどるためには、かれの生涯の中で作用してきた歴史的原因に立ち戻らねばならない。

普仏戦争以前のフランスとドイツの人口は、ほぼ同じだった。しかし、ドイツの石炭や鉄鉱、輸送などの産業はまだ未熟で、フランスの富のほうがずっと大きかった。フランスがアルザス＝ロレーヌ地方を失った後でも、両国の実物資源にはさほどの差はなかった。しかし、その後の期間で、両者の相対的な地位は完全に変わってしまった。1914年には、ドイツの人口はフランスの人口を、ほぼ70パーセント上回っていた。そして、ドイツは世界最大の工業国かつ商業国となった。その技術能力と、未来の富を生産する手段は比肩するものがなかった。これに対してフランスは、人口が停滞か減少し、他国に比べると、富の面でも富の生産能力の面でも深刻に立ち後れていた。

したがって、今回の争いでフランスが（今回はイギリスとアメリカの支援を受けて）勝利を手にしたとはいっても、ヨーロッパの内戦は普通のことか、少なくとも繰り返し起こるものだという見方を採る者の目からすれば、フランスの将来の立場は相変わらず危ういものだった。この見方からすると、組織化された超大国同士が過去100年続けてきた類いの紛争は、今後100年でも起こるはずなのだ。この将来のビジョンに従えば、ヨーロッパ史は果てしない懸賞試合であり、今回のラウンドではフランスが勝ったとはいえ、これが決して最終ラウンドなどではないのだ。

旧秩序は人間の不変の天性に基づいているので、基本的に変わらないという信念や、そこから出てくる、国際連盟が体現する各種一連の教義すべてに対する疑念から論理的に導かれるのが、フランスとクレマンソーの方針となる。というのも、ウィルソン大統領の14カ条の平和原則といった「イデオロギー」に基づいた、公平で平等な扱いをうたう寛容な平和条約は、ドイツの復興期間を短縮するだけなのだ。そうなれば、ドイツがフランスに勝る人口や資源や技能を獲得し、それをフランス攻撃に使う日を早める結果にしかならない。だからこそ、各種の「保証」の必要性が出てくる。そして、保証が増えればそれだけドイツの苛立ちも高まり、したがってその後のドイツの報復確率も高まるため、ドイツの手持ちで潰しておくべきものもさらに増える。

このように、こういった世界観が採用され、別の世界観が破棄されたとたんに、最大限に厳しいカルタゴ式平和［訳注：敵に極度に厳しい条件を課す和平のこと］がどうしても要求されることになり、その時点で権力を握っている側はひたすら相手を潰そうとするようになる。というのも、クレマンソーは、自分が14カ条の平和原則に縛られるふりなど一切見せず、大統領の良心や体面を保つためにときどき必要となるおためごかしは、主に他の連中に任せたのだから。

つまり時計の針を戻し、1870年以来ドイツの進歩が実現したものを解体してしまおう、というのがフランスの方針だった。領土の剥奪などの手段により、ドイツの人口を削らなくてはならない。だが何よりも、ドイツの新しい強さが依って立つ経済システム、鉄鋼、石炭、輸送力の上に築かれた広大な経済網を破壊せねばならない。ドイツが手放すよう迫られたものの一部でもフランスが掌握できるなら、ヨーロッパ覇権を争う両ライバル国間の力の格差を、幾世代にもわたり矯正できるかもしれないのだ。

こうして、次章で検討する、高度に組織化された経済生活を破壊するための、累積的な諸条項が生まれてきたわけだ。

これは一老人の政策だ。その人物の抱く最も鮮明な印象や最も活き活きとした想像力は過去のものであり、未来のものではない。この人物は問題を、フランスとドイツという枠組みで考え、新しい秩序に向けて苦闘する人類とヨーロッパ文明という枠組みでは考えていない。戦争はこの人物の意識に対し、私たちとはちょっと違った形で食い込んでおり、そしてこの人物は、私たちが新時代の入り口にいるのだということを、考えもしていないし、希望もしていない。

とはいうものの、この話は思想面の問題に限られるものではない。本書での私の狙いは、カルタゴ式の平和は、**実務的にも**正しくないし、実施可能でもないと示すことだ。この平和条約の基盤となった考え方は、経済的要因があることは知っているが、未来を司るさらに深い経済的傾向は見過ごしている。

時計の針を戻すわけにはいかない。1870年の中央ヨーロッパを復活させようとすれば、ヨーロッパの構造に強い緊張を生じさせ、すさまじい人間的、精神的な力を解き放ってしまうことになって、それが国境や人種を越えて押し広がり、私たちや私たちの「保証」だけでなく、私たちの制度や既存の社会秩序すら飲み込んでしまうのだ。

14カ条がこんな政策にすり替わるにはどんな詐術が弄されたのだろうか？　そしてなぜ、アメリカ大統領はそんなものを受け入れるに至ったのか？　これらの質問に対して答えることは難しいし、人格や心理といった要素や、周辺からの微妙な影響などに依存している。こうしたものは検出するのが難しいし、それを描写するのはもっと難しいのだ。

しかし、ある一個人の行動が重要となった各種の状況の中でも、この会議でのウィルソン大統領の屈服こそ、歴史的に見て決定的な道徳的事件であった。したがって、私としてもそれを何とか説明してみなければならない。大統領がジョージ・ワシントン号に乗って私たちの下へ航海してきたとき、世界中の人々の心と希望の中で、かれはいかに大きな存在感を占めていたことか！　勝利初期のあの日々に、なんと偉大な人物がヨーロッパにやってきたことか！

1918年11月、フォッシュ元帥の軍隊とウィルソン大統領の言葉は、私たちが気にかけていたすべてを飲み込みつつあったものから、突然の脱出口をもたらしてくれた。その条件は、あらゆる期待を上回るほど有利なものだった。勝利はあまりに完璧であり、調停に恐怖などまったく入り込む余地はなかった。敵国が武器を置いたのは、平和条約の全般的な性格についての厳粛な約束を信じたからだ。その約束では、公正で寛大な停戦が保証され、破壊された生活の流れの復活もまともに期待できそうだった。この保証を確実なものとするため、大統領は自ら自分の作品に調印すべくやってきたのである。

ウィルソン大統領がワシントンを後にしたとき、かれは歴史上類を見ない名声と道徳的影響力を世界中に及ぼせる立場を享受していた。その大胆で慎重な言葉はヨーロッパの人々に、自国の政治家の声以上に強く訴えかけた。敵国の人々も、大統領がかわした約束を実行してくれるものと信じていた。そして連合国側も、大統領を単なる勝者としてだけでなく、ほとんど預言者扱いしていた。

この道徳的な影響力に加え、現実の権力も大統領は手にしていた。アメリカ軍は、兵員数も規律も装備も、絶頂にあった。ヨーロッパは、アメリカ合衆国からの食糧供給に完全に依存しており、そして財政面では、いっそうアメリカに絶対的に頼り切った状態だったのだ。ヨーロッパはすでにアメリカから、支払える以上の金額を借りていただけではない。ヨーロッパを飢餓と破産から救うためには、アメリカからさらなる大量の援助を受けるしかなかったのだ。

一賢者がこれほどの武器を持ち、この世の君主たちを縛ることができたことは、いまだかつてなかった。ヨーロッパ各国の首都の群集が、どれほど大挙して大統領の乗物を取り囲んだことか！　私たちは、なんとすさまじい好奇心と不安と期待を持って、この運命の人物の姿や形を一目見ようとしたことだろうか。この西からやってきた人物は、己の文明の古き両親たちの傷に癒やしをもたらすはずであり、私たちのために未来の礎石を据えてくれるはずだったのだ。

幻滅はあまりに徹底したものであり、最も厚くかれを信頼していた者の一部は、その幻滅についてロにしようとすらしない。本当にこんなことがありうるんですか、とかれらは、パリから戻った人々に尋ねた。平和条約は、実際に見た目どおりのひどい代物なんでしょうか？　大統領はどうかしちゃったんですか？　これほど極端で、これほどに予想外の裏切りをかれが容認したのは、何か弱みでも握られていたのか、それとも何か不運のせいなんでしょうか？

だが、その原因はきわめて平凡で人間くさいものだった。大統領は英雄でも、預言者でもなかった。賢者ですらなかった。単に鷹揚な意図を持った人間であり、他の人間と同じように弱点をたくさん持っていたのだ。かれが相手にしていたのは、すさまじい力や人格の衝突によって、ギブ&テイクのすばやいゲーム――大統領はまったく経験したことのないゲーム――における勝利の名人としてトップの座を得た、巧妙かつ危険な呪文使いたちだった。大統領は、そうした連中と会議の場で対面しつつ対処するために必要な、圧倒的な知的装備を欠いていたのだ。

実のところ、私たちが大統領について抱いていた印象はまったく間違っていたのだった。大統領が孤独で超然としている人だとは知っており、かれがきわめて強い意志を持ち、頑固な人だと思っていた。細かいことにこだわる人物とは思わず、いくつかの核心的な考え方を重視する明晰性が、その頑固さと組み合わさることで、蜘蛛の巣のような細々した話など一掃できるはずだと思っていた。

こうした性格に加え、大統領は、客観性と教養、学徒のような広範な知識を持っているはずだと思われていた。有名な14カ条を特徴づけた言語のすばらしい傑出ぶりは、しっかりした力強い想像力の持ち主であることをうかがわせた。かれの肖像は、立派な存在感と堂々たる雄弁さを示唆していた。これらすべてにより、かれは政治家の技能を軽視しない国における筆頭の地位を獲得して、それを維持していた。これらすべては、不可能を可能にしてくれるとは思わないにしても、現在の状況に対応するための資質の組み合わせとしては、文句なしのように思えた。

ウィルソン氏を間近に見た第一印象は、こうした幻想すべてではないにしても、一部を毀損するに足るものだった。その頭部や顔立ちは見事にくっきりとしており、まさに写真どおりであったし、その首の筋肉と頭の取り回しは立派なものだった。しかし、オデュッセウスのように、大統領はすわっているときのほうが賢く見えた。また、かれの手は、器用でかなりがっしりしたものではあったが、繊細さと優雅さに欠けていた。大統領を一見して示唆されたのは、他にどんな性格を持つにせよ、その主な気質は学徒や学者的なものではないというだけにとどまらず、クレマンソー氏やバルフォア氏を、その階級と世代における実に見事に洗練された紳士たらしめている立ち居振る舞いという、世界的な文化性すらほとんど持っていないということだった。

しかし、それよりもっと深刻なことは、大統領は外観面で周囲に対して無配慮だったにとどまらず、自らの環境に対する繊細さを一切示さなかったことだ。身近に取り巻く人々1人残らずに対し、実に的確でほとんど霊媒のごとき配慮を示せるロイド・ジョージ氏などを相手に、どんな勝ち目があるというのだろうか？　イギリス首相が一同を見渡し、一般人は持たない第六感や第七感でもって、それぞれの人物の人格、動機、無意識の衝動を判断し、それぞれが何を考え、さらには次にその人物が何を言うかさえ知覚して、目の前の仲間の虚栄心や弱点、利己性に最も適した議論や訴えをテレパシーじみた本能でまとめあげる様子を見れば、哀れな大統領はこの集団の中で目隠し鬼ごっこをやらされることになるのだと気がつかざるをえない。

首相の洗練された手腕に対し、大統領ほど完璧な犠牲者を運命づけられた人物が、この広間に足を踏み入れるなどありえないだろう。旧世界はもともと老獪さという点で、強力な存在だ。旧世界の石の心なら、最も勇敢な遍歴の騎士による最も鋭い刃ですら鈍らせるかもしれない。しかし、この目も耳も封じられたドン・キホーテは、磨き上げられたすばやい刃が敵の手に握られている酒場に入ってきたのだ。

しかし、大統領が賢人王ではなかったのなら、何者だったのだろうか？　結局のところ、かれは人生の相当部分を大学で過ごした人物だった。ビジネスマンやありがちな政党政治家ではまったくない、力強さと人格と重要な地位を備えた人物であった。ならば、かれの気質はどうだったのだろうか？

あるときふと示唆的なヒントを思いついた。大統領は非国教派の牧師、たとえば長老派教会の牧師のようなものだったのだ。その思考や気質は、基本的には知的なものというより神学的なもので、その種の考え方や感情や表現に伴う強みと弱みをすべて備えていた。イングランドやスコットランドでは、この種の人物のこれほど見事な実例には、いまやなかなかお目にかかれなくなっている。それでもこの描写は、一般のイギリス人に大統領の最も特徴的な印象をよく伝えてくれるものだろう。

このような大統領の姿を念頭に、出来事の実際の道筋に戻ろう。演説や通達に示された大統領の世界に関する計画は、実に見事な精神と目的を描き出していたので、それに同意する人々は、そこで重箱の隅をつつくような真似は決してしたくないと考えた――そうした細部は、今描き込まれていないのは当然であり、いずれはきちんと記述されるはずだと思ったのだ。パリ会議の開始時点では、大統領は多数の顧問の助けを借りて、国際連盟の包括的な仕組みのみならず、14カ条を実際の平和条約に体現させる総合的な計画を考え抜いているのだろうというのが通説だった。

ところが、実際には、大統領は何も考え抜いていなかった。実務レベルになると、そのアイデアは漠然として不完全なものだった。ホワイトハウスから雷のように轟かせた戒律に、実際の肉付けをするための覆いについては、何の計画も、何の仕組みも、何の建設的なアイデアもまったく持っていなかったのだ。そのどれについてであろうと、何か説教はできただろうし、それが実現されるよう荘厳な祈りを捧げたりすることはできただろう。しかし、ヨーロッパの実情に対する具体的な応用は、起草できなかったのだ。

詳細な提案がなかっただけではなく、仕方ないことなのかもしれないが、かれは多くの点でヨーロッパの状況について情報不足だった。そして、情報不足というだけではなく――それならロイド・ジョージ氏だって同じだ――大統領の頭は、回転が遅くて適応性がなかった。ヨーロッパ人と立ち交じるときの、大統領の頭の回転の遅さは突出していた。

かれは一瞬のうちに他の人が言っていることを理解したり、にらみを利かせて状況を掌握したり、うまく切り返したり、ちょっと視点を変えて状況に対応したりできなかった。おかげで、ロイド・ジョージのような人物の、単なる即妙性や理解力や柔軟性を相手にするだけでも、敗北を喫するしかなかった。会議の議場において、第一級の政治家でありながら、この大統領ほど無能な人物は、ほとんどお目にかかることはないだろう。

ちょっとした譲歩のそぶりだけで相手の面子を立てたり、相手には有益だが自分にとっては何ら本質的な傷をもたらさない形で提案を言い換えたりするだけで、相当な勝利を手に入れられるような瞬間というのが、しばしば生じる。大統領は、こういう単純で平凡な巧みさも備えていなかった。かれの頭の回転が遅すぎて、手持ちのカードも少なすぎたために、**何一つとして**代替案を用意できなかった。

大統領は、身構えて頑固に譲歩を拒否する能力は持っていた。フィウメ問題〔訳注：イタリア／スロヴェニア国境の港町。現在のクロアチア領リエカ。イタリアは自国への併合を求めたがウィルソンはこれを全面的に拒否し、ヴェルサイユ会議に対するイタリアの反発と不信を招いた〕についてはこれを行っている。しかし、それ以外には自衛の手口を持っていなかったので、相手側はちょっと手管を弄するだけで、そうした状況の到来を手遅れになるまで先送りしてしまえた。相手が追従と妥協のふりをするだけで、大統領は手玉に取られて論点を見失い、頑固に振る舞うべき瞬間を見逃してしまい、そして自分がどこに押しやられたかハッと気がついた頃には、もう手遅れなのだった。

さらに、親密で見かけ上は親しげな会話を近しい仲間たちと何カ月も交わした後では、頑固に妥協を拒んでばかりではいられなくなってしまう。全体における自分の立場について、常に十分活き活きとした理解を持ち、いつもは攻撃を控えつつ、決定的な行動をとるべき数少ない瞬間をずばり見て取れる人物でなければ、勝利は不可能だ。しかし大統領は、それには頭の回転が遅すぎ、戸惑いすぎていた。

大統領はこうした欠陥について、副官たちの集合的な叡智の助けを求めることで矯正しようともしなかった。条約の経済関連の章のために、きわめて有能な実業家集団を身の回りに集めてはいた。しかし、かれらは公的な事柄については経験がなく、（1、2名の例外を除けば）ヨーロッパについては大統領に負けず劣らず無知で、しかも、何か具体的な話で必要な場合に限り、不定期に呼ばれるだけだった。

こうして、ワシントンでは効果的だった超然とした態度が維持され、天性的な異常に内向的な性格のせいで、精神面での対等性や、継続的な影響力行使を目論む者はだれ1人として近づけようとはしなかった。使節団に同行していた全権使節たちは、人形でしかなかった。そして、相手側の人間やヨーロッパについては大統領よりはるかに熟知していたハウス大佐も、その敏感さによって大統領の鈍さを実に大いに補っていたのだが、やがて背景に沈んでしまった。

これらすべてを四人会議の仲間たちは煽った。かれらは十人委員会［訳注：イギリス、日本、アメリカ、フランスで構成された委員会。日本は遠距離のため現職の閣僚が参加せず、さらに議事の漏洩事件などを理由に実質の討議は四人会議に移された］を解体することで、大統領自身の気質から生じた孤立を完成させた。こうして、日々が過ぎ、週が過ぎゆくうちに、大統領は自分よりずっと鋭敏な人々の中で、1人引きこもり状態となり、支援もなく、助言も得られない極度に困難な状況へと、追いやられるがままとなってしまった。実際には、その場での成功のためには、考えられるありとあらゆる方策、創造力と知識が必要とされていたというのに。かれは連中の雰囲気に毒され、相手の計画やデータをもとに議論し、かれらの道筋にそって引き回されるのを自ら許してしまったのだった。

以上をはじめとする各種要因が組み合わさって、以下の状況を作り出した。ただし、読者諸賢は、ここで数ページに圧縮した過程がゆっくり、徐々に、密やかに、およそ5カ月の期間をかけて起こったということをお忘れなく。

大統領が何も考え抜いてこなかったので、四人会議の作業はおおむねフランスかイギリスの草案をもとに進められた。したがって、その草案を多少なりとも自分の考えや目的に沿うものにするためには、大統領は絶え間なく妨害、批判、否定の態度を一貫して取らねばならなかった。そのため、何らかの点で見かけ上の鷹揚さを提示されたら（というのも、だれも真面目に受け取らないような、きわめてバカげた提案には、安全な譲歩の余地が常に用意されていたのだから）、大統領としてはなかなか他の部分で譲歩しないわけにはいかない。

妥協は不可避であり、そして本質的なところで決して妥協しないというのはとても難しかった。さらに、大統領はやがてドイツの肩を持っているかのように見せかけられ、「親独的」という示唆をされても仕方ないような立場に置かれた（この示唆を、大統領は愚かかつ不幸にもやたらに気にした）。

十人委員会の初期には原理原則と尊厳を大いにふりかざしてみせた大統領だが、フランス、イギリス、イタリアの代表たちによる構想の中には、どうも秘密外交という手法では自分が譲歩を確保できないような、きわめて重要なポイントがいくつかあることを知った。すると、最終手段として、どうすればよかったのだろうか？　ひたすら頑固さを発揮することで、会議をいつまでも引き延ばすことはできる。席を蹴って、何一つ解決しないまま怒り狂ってアメリカに帰ることもできる。あるいは、会議の頭越しに世界に訴えかけてみてもいい。これらはどれもひどい代替案であり、それぞれについて多くの批判が可能だ。また、特に政治家にとっては、どれもとてもリスクが高い。

大統領はアメリカの議会選挙をめぐる政策を間違えてしまったために、すでに自国での立場が弱まっていた。したがって、アメリカの世論が大統領の非妥協的な立場を支持してくれるかは、必ずしもはっきりしなかった。その選挙戦では、争点があらゆる種類の個人的、党派的な懸念事項により曇らされるしかない。そんな選挙では、各種政策それ自体の価値に基づいて判断が下されるようなことは絶対にない。だからそこで、正しいほうが勝利するなどとだれが言えようか？

さらに、会議の仲間たちと公然と決裂すれば、あらゆる連合国の世論にいまだに根強い「反独」遺恨が、盲目的な勢いで頭上にふりかかってくるのは間違いない。かれらは大統領の議論になど耳を貸すまい。この問題を国際道徳の問題や、ヨーロッパの正しい統治の問題として扱うだけの冷静さも持ち合わせまい。各国の世論の叫びは単純明快で、大統領は各種の悪意ある利己的な理由から、「フン族［訳注：のごとき残忍非道なドイツ］を見逃す」のを望んでいる、というものになる。フランスやイギリスの新聞がほとんど全員一致で何を言うかは予想がつく。そのため、大統領が公開の場で他の代表に挑めば、敗北しかねない。

そして、もし自分が敗北したら、最終的な平和条約は自分がその名声を維持し、ヨーロッパ政治の制約された状況において最大限に奮闘努力した場合に比べて、はるかにひどいものになるのではないか？　しかし何よりも、自分が敗北したら、国際連盟も失いかねないのではないか？　そしてそれこそが結局のところ、世界の将来の幸せにとって最も重要な問題ではないのか？

平和条約はいずれ改正され、和らげられることだろう。現在では実に重要と思えるものの多くが、いずれはどうでもよくなり、そして実現不可能な部分については、まさにその理由から決して実現しないだろう。しかし、国際連盟は、不完全な形でも永続的なものだ。世界統治における新しい原理の、初めてのスタートとなるのだ。国際関係における真実と正義は、数カ月で確立できるようなものではない――国際連盟のゆっくりとした胎動の中で、時間をかけて生まれるしかないものだ。クレマンソーはこの点で賢く、代償次第では国際連盟を受け入れると匂わせていた。

自分の運命の危機に直面していた大統領は、孤独であった。旧世界の網にとらわれた大統領は、大衆からの共感、道徳的な支持と熱狂を大いに必要としていた。しかし、会議に埋もれ、パリの暑く有毒な大気に窒息させられた大統領の下には、外の世界からの反響も、あらゆる国の声なき支持者たちからの情熱の脈動も共感も励ましも、届いてはこなかった。かれは、自らのヨーロッパ到着を迎えた人気の炎は、すでに薄れていることを感じていた。パリの新聞は、公然と大統領をはやしたてた。故国での政敵たちは留守をいいことに、大統領に敵対する雰囲気を作り出していた。イギリスは冷淡で批判的であり、無反応であった。

またこのように信念と熱意の流れが公的な情報源からは入ってこなくなってしまっていたのに、かれが選んだ側近たちは、そうしたものを私的な経路を通じて伝えられるような人々ではなかった。かれは集合的な信念による強さの後押しを必要としていたが、それを得られなかった。ドイツの恐怖がまだ二日酔いのように残っていて、大統領に好意的な世論ですらドイツに対してはかなり警戒していた。敵国を力づけるようなことがあってはならず、友邦は支援せねばならず、今は不和や動揺の時期ではなく、大統領が最善を尽くすと信じなければならなかったのだ。そして、この干ばつの中で、大統領の信念という花はしおれて、枯れてしまった。

そういうわけで、大統領はジョージ・ワシントン号への命令を撤回した。それまでかれは、十分に理由のある怒りの結果として、パリの陰謀に満ちた広間を離れて、自らの権力の座たるアメリカに帰り、自分自身を取り戻せる場所に戻れるよう、ジョージ・ワシントン号をいつでも出発できるよう待機させていたのだ。だが残念ながら、妥協の道を歩み始めたとたん、その気質や能力面ですでに述べたかれの欠陥が、致命的なまでに露わとなった。

大統領は、超然としていてもよかった。強情を張ってもよかった。シナイ山やオリンポスからご託宣を下してもよかった。ホワイトハウスや十人委員会にさえ手の届かない存在であり続け、安泰でいてもよかった。しかし、大統領がひとたび四人会議の親密で平等な関係にまで自ら下ってしまったら、それで明らかに勝負はついてしまった。

そしてこの時点で、かれの神学的または長老派的気質と私が呼んだものが危険なものへと転じた。多少の譲歩は避けがたいと決めたにしても、毅然とした態度や演説、アメリカ合衆国の資金力を使うことで、字面上は多少の犠牲を払ったにしても、その内実面ではできる限りのものを確保するようにできただろう。しかし、大統領は、そのために必要とされるほど自分自身を理解できていなかった。かれは、あまりに良心的だった。

いまや妥協が必要となったにもかかわらず、かれは相変わらず原理原則を重視する人物であり、14カ条という契約に完全に縛られていた。不名誉なことは何一つしない。公正で正しくないことは何一つしない。自分の大いなる信仰告白に反することは何一つしない。こうして14カ条は、当初の着想を字面上は一切譲ることはなかったが、実際には解釈と詳細な注釈の文書となり、自己欺瞞のあらゆる知的装置のための文書となった。それは、あえて言わせてもらえば、大統領の父祖たちが、自分たちの採るべき方向性がモーゼの五書の一字一句と整合性を持つのだ、と自分たちに言い聞かせたのと同じ自己欺瞞なのだ。

同僚たちに対する大統領の態度は、いまや次のようなものとなった。「私としては、できる限りきみたちの希望には沿いたいよ。きみたちの直面している困難はわかるし、その提案にも同意したくないわけじゃないんだよ。でも、私は公正で、正しくないことは何一つできないんだ。

だからきみたちはまず、そのやりたいことが本当に、私を縛っている宣言の言葉の範囲内に収まっているかを示してくれたまえ」。そしてこれにより、平和条約すべての文言と内容を、不誠実さで最終的にくるむこととなる、詭弁とイエズス会的なおためごかしの網の目を紡ぐ作業が始まった。パリのあらゆる魔女たちに、お触れが下ったのだ。

きれいはきたない、きたないはきれい
闇と汚れの中を飛ぼう

最も巧妙な詭弁屋たちや、最も偽善的な筆耕者たちが仕事にかかり、大統領より賢い人物ですら１時間以上はごまかされたであろう、多くの巧みな作文を数多く生み出した。

したがって、フランスの許可がない限り、ドイツ人系のオーストリアがドイツと合併するのを禁じると書くかわりに（これは民族自決の原則に反することになる）、条約は繊細な作文技能をもって、「ドイツはオーストリアの独立を認知し、厳密にそれを尊重し、その国境はその国家と主要同盟及び連合国との間で結ばれる条約で決定される。ドイツはこの独立が、国際連盟評議会の合意がある場合を除いて不可侵であることに合意する」と書かれたが、これはまったく違った内容のように聞こえて、実はそうではない。そして、条約の他の部分に、この目的のための国際連盟評議会は、**全会一致でなくてはならない**と書かれていることを大統領が失念したなどということは、だれも知るよしもない。

ダンツィヒ［訳注：グダニスク］をポーランドに与えるかわりに、条約はダンツィヒを「自由」都市としているが、この「自由」都市はポーランド税関の境界内に置かれ、ポーランドに対して河川と鉄道のコントロールを委託し、「ポーランド政府はダンツィヒ自由都市の外交関係実施を行い、また同市の市民が外国にいるときの外交的保護も提供する」とされている。

ドイツの河川系を外国支配下に置くにあたり、条約は「1国より多くの国に対して、ある船から別の船への積み替えを伴う場合とそうでない場合を問わず、海へのアクセスを自然に提供する河川系」を国際河川として宣言すると語る。

こうした事例はたくさん出てくる。ドイツの人口を制限して、その経済システムを弱めるという、フランスの政策の正直で理解しやすい目的は、大統領のために、自由と国際的平等というご大層な表現に覆い隠されている。

しかし、大統領の道徳的立場が崩壊して、その心の目が曇った最も決定的な瞬間というのは、ついにその顧問たちの嘆きをよそに、同盟国の恩給や軍人別離手当が、他の戦争経費では認められないような意味合いにおいて、「同盟及び連合国の文民人口に対する、ドイツによる陸海空からの攻撃から生じた被害」だと公平に解釈できるのだ、という説得に応じてしまった瞬間かもしれない。それは長きにわたる神学的な苦闘であったが、多くの議論を棄却した挙げ句、大統領が詭弁屋の技芸による傑作の前についに屈服したのだ。

ついに作業は完了した。そして、大統領の良心は相変わらず無傷だった。あれだけのことが起こったのに、その気質のおかげで、大統領は自分が本当に誠実だったと思い込んだままパリを離れることができただろうと私は思っている。そしてあの条約に、かつてのかれの信仰告白と不整合な部分などないも同然だと、大統領が今日なお心底思い込んでいる可能性は十分にある。

しかし、この作業はあまりに徹底しすぎていた。そしてこれは、このドラマにおける最後の悲劇的なエピソードのせいだった。ブロックドルフ＝ランツァウ［訳注：ワイマール共和国の外務大臣でパリ講和会議のドイツ側代表。ヴェルサイユ条約への調印を拒否して辞職］の回答は当然ながら、ドイツが休戦に応じたのはある種の保証が約束されたからであり、条約は多くの細部においてこうした保証と整合していないという立場のものだった。

だが、大統領はこんな主張を決して認めるわけにはいかなかった。孤独な熟考と神への祈りにより、大統領は公正かつ正しくないことなど**何一つ行っていない**と確信していた。ドイツ側の回答に一理あると認めることは、大統領の自尊心を破壊し、その魂の内部の均衡を乱すことになる。そこで大統領の頑固な天性のあらゆる本能が、自衛のために立ち上がった。精神医学の用語で言えば、大統領に対してこの条約がその信仰告白を放棄するに等しいと示唆するのは、むきだしのフロイト的コンプレックスに触れることなのだった。それは議論するのも耐えがたい問題であり、あらゆる無意識の本能はこの議論をさらに検討するのを阻止すべく動いたのだ。

このようにしてクレマンソーは、ほんの数カ月前ならとんでもない、ありえない提案と思われた、ドイツ人の言い分は聞くべきでないという提案を見事に成立させたのだった。大統領があれほど小心翼々とせず、自分がやってきたことに目を覆ったりしないでくれれば、最後の最後ですら失地を回復して、きわめて重要な成功を実現できたのに。

しかし、大統領の心は決まっていた。その四肢は外科医たちにより、ある決まったポーズを取るよう切り刻まれ、それを変えるためには再びその四肢を壊さねばならなかった。ロイド・ジョージ氏は最後の瞬間になって、自分が必死で訴えた寛容性を求めたが、5日間だけでは、大統領が5カ月間かけて公正かつ正しいと信じ込むに至った間違いを説得などできないということに気がつき、戦慄したのだった。結局のところ、この根っからの長老派に詐術から目を覚まさせるのは、そもそもかれをだますよりも難しいのだ。というのも、目を覚ますのは、かれの信念と自尊心に関わることなのだから。

というわけで大統領の最後の行動は、頑固さと和解拒絶を示すものとなったのだった。

第4章

条約

Chapter IV.
The Treaty

第2章で私が述べた考えは、パリ会議の参加者の頭の中にはなかった。ヨーロッパの将来の命など、かれらの知ったことではなかったし、その生活手段についても、かれらは気にもしなかった。かれらが専念していたのは、良かれ悪しかれ、国境と国籍、勢力均衡、帝国の拡大、強大で危険な敵の将来的な弱体化、復讐、勝者たちの耐えがたい財政負担を敗北者に背負いこませること、だけだった。

未来の世界政治体制をめぐって、2つの対立する仕組みが競い合っていた——アメリカ大統領の14カ条と、クレマンソー氏のカルタゴ式平和だ。しかし、本来検討されてよいのはその片方だけだった。というのも、敵は無条件降伏したのではなく、講和の全般的な性格についての条件を受け入れて降伏したのだから。

この出来事の局面は、残念ながら今の一言だけですますわけにはいかない。というのは、多くのイギリス人の心中では、これはきわめて大きな誤解のもととなっているからだ。多くの人々は、休戦協定の条項こそが、連合および同盟諸国とドイツ政府とで交わされた初の契約だと思っている。そして、私たちがまったく制約のない状態で会議に参加し、例外的にそれを拘束するのは休戦協定の条項くらいだと信じている。これは正しくない。

状況を明確にするため、1918年10月5日のドイツからの通達で始まり、1918年11月5日のウィルソン大統領による通達で終わった交渉の歴史を、手短にふり返らねばならない。

1918年10月5日、ドイツ政府はアメリカ大統領に対する短い通達を発表し、14カ条の受諾を告げて平和交渉を求めた。

10月8日の大統領回答は、ドイツ政府が14カ条やその後の演説で「述べた条件」を受け入れたと確実に理解してよいか、そして「議論に入る目的は、その条件の適用に関する実務的な細部への合意を得るためだけだと」理解してよいかと尋ねた。また、侵略領土からの撤退が休戦の前提条件だと付け加えた。

10月12日にドイツ政府はこれらの質問に対し、無条件で認める回答を行った。「議論に入る目的は、その条件の適用に関する実務的な細部への合意を得るためだけである」。

10月14日、確認の回答を受け取った大統領は、さらに連絡を行って以下の点を明確にした。（1）休戦の詳細はアメリカと連合国の軍事顧問に任せられ、ドイツが敵対行動を開始する可能性を絶対的に阻止するものとなること、（2）こうした対話継続のためには、潜水艦戦争を停止しなければならないこと、（3）さらに、自分が交渉している政府がドイツの代表であることについてのさらなる保証が必要であること。

10月20日にドイツは（1）と（2）を受諾し、（3）については、いまやドイツには憲法があり、政府はその権限をドイツ議会に従属させていると説明した。

10月23日に大統領は、「ドイツ政府より、1918年1月8日の議会演説で述べた講和の条件（14カ条）と、その後の各種演説で明言された原則、特に9月27日の演説のものを無条件に受け入れ、その適用の細部について議論する用意があるという厳粛かつ明示的な保証を受け取ったので」、以上のやりとりを連合諸国の政府に伝え、「これらの政府がここで示された条件や原則に基づき、講和に入る用意があるのであれば」、各国は自国軍事顧問に対して、「連合国政府に対して、ドイツ政府が合意した講和の詳細を確保し、強制するための無制限の権力を確保するような性質の休戦条件を起草するよう指示すべきだ」、と述べた。この通達の末尾で、大統領は10月14日のものよりもっと明確に、ドイツ皇帝の退任を示唆している。これにより、事前交渉が完了した。ここでは、大統領のみが当事者であり、連合諸国の政府はまったく関わっていない。

1918年11月5日に、大統領は関係する各国政府から受け取った回答をドイツに伝え、適切に任命された代表に対して、休戦条件を伝える権限をフォッシュ元帥に与えたと追加した。この回答で連合国政府は、「以下の条件つきで、1918年1月8日の大統領議会演説とその後の演説で明言された原則に基づき、ドイツ政府と講和を行う意思があることを宣言」した。

ここで述べられている条件は2つあった。第一は海洋の自由に関してであり、これについて連合国政府は、「完全な自由を自分たちが留保するものとする」。第二の条件は賠償に関するものであり、以下のように述べられていた。「さらに、1918年1月8日の議会演説で述べられた講和条件の中で、大統領は侵略された領土が回復され、軍が引き揚げられて解放されなくてはならないと宣言している。連合国政府は、この条項の意味について疑問の余地は一切許されてはならないと感じる。この条項で、各国は、ドイツの陸海空からの攻撃により、連合国の文民とその財産に対して与えられたあらゆる損害に対して補償を行うということだと理解する」[1]と。

このやりとりから生じたドイツと連合国との契約の性質は、平明かつ議論の余地のないものだ。講和の条件は、大統領の演説に従ったものとなり、講和会議の目的は、「その適用の詳細を議論する」ことである。この契約の状況は、極度に厳粛かつ拘束力ある性質のものだった。というのも、その条件の１つは、ドイツが自分自身を無力にしてしまう休戦条項に同意すべきだ、というものだったせいもある。ドイツがこの契約に基づいて自国を無力にした以上、連合国側も名誉にかけて、自分たちの約束を果たすべきだと間違いなく含意されていたし、もし契約に曖昧さの余地があったとしても、かれらがその立場を曖昧さにつけこむ形で利用しないことも含意されていた。

では、連合国が自らを縛った契約の中身とはどんなものだっただろうか？　文書を検証してみると、大統領演説の大半は精神や目的や意図の説明であり、具体的な解決策についてのものではないし、平和条約で解決を必要とする多くの問題には触れられてはいないながら、それでもそこで明確に解決されている問題もいくつかある。確かに連合国側は、かなりの裁量範囲を持って自由に任されていた。さらに、精神や目的や意図を扱う部分を契約として適用するのは難しい。そのため、ごまかしや偽善が実施されたかは、各人が自分でそれらの文言の見方をもとに判断するしかない。しかし、以下で見ることになるとおり、契約に議論の余地のないものとなっている、重要な部分がいくつか存在するのだ。

1918年1月8日の14カ条に加え、契約内容の一部を構成する大統領の演説は4つある――議会における2月11日の演説、4月6日のボルチモアでの演説、7月4日のマウント・ヴァーノンでの演説、9月27日のニューヨークでの演説である。この最後のものは、契約の中でも具体的に参照されている。こうした演説から、ドイツとの条約に関係している重要な約束を、反復を避ける形で選り分けてみよう。私が採りあげなかった部分は、引用した部分に反するどころか、むしろそれを強化するものとなっている。しかし、それらは主に意図に関するもので、契約として解釈するには漠然としており、一般論にすぎると私は判断した。[2]

14カ条――

（3）「和平に同意し、その維持に参加する**すべて**の諸国間における、あらゆる経済障壁の可能な限りの除去と貿易条件の平等性の確立」。（4）「国家の軍備を、国内の安全を保障するに足る最低限の段階まで縮小するよう、適切な保証を**相互に**取り交わす」。（5）「植民地に関するすべての請求を、自由で柔軟、かつ絶対的に公平に調整する」。ただし、当事者である住民の利害についても配慮すること。（6）、（7）、（8）、（11）侵略された領土、特にベルギー領からの撤退と「復興」。これについては、連合国の補足条項も追加が必要であり、これは陸海空からの、文民とその財産に対して与えられたあらゆる損害に対して補償を求めるものだ（すでに全文引用済み）。（8）「1871年にアルザス＝ロレーヌ地方に関して、プロシアがフランスに対して行った不法行為」の是正。（13）独立したポーランド国家。「そこには議論の余地なくポーランド人である人々の居住する領土が含まれ、かれらは海への自由で安全な交通路を保証され」るべきである。(14) 国際連盟。

2月11日の議会演説において――

「領土併合、**損害賠償金、懲罰的賠償金の取り立て**などは行ってはならない。(中略) 民族自決というのは、単なる言葉ではないのだ。それは、行動の厳然たる原理であり、政治家たちが今後それを無視しようとすれば痛い目に遭うことだろう。(中略) この戦争に関連するあらゆる領土面での調停は、そこに住む人々の利害と便益のために行われねばならず、競合国家の間の領有権主張の単なる調整や妥協の一部として行ってはならない」。

9月27日のニューヨークにおいて――

(1)「打ち出される公平な正義は、私たちが公正に振る舞いたい相手と公正に振る舞いたくない相手との間に、一切の差別を含むものであってはならない」。(2)「いかなる単一の国やいかなる国の集団が持つ特別なあるいは個別の利益を、万人の共通の利益と相容れないようないかなる調停の一部の根拠としてはならない」。(3)「国際連盟という全般的かつ共同の家族の中では、連盟や同盟、特別条項や特別扱いは存在してはならない」。(4)「国際連盟内では、特別な利己的経済連合があってはならず、いかなる種類の経済ボイコットや経済排除もあってはならない。ただし、国際連盟自身に、規律とコントロールの手段として市場からの排除による経済制裁の力が与えられる場合を除く」。(5)「あらゆる国際合意や協定は、どんな種類のものであれ、その全容を全世界に知らされなければならない」。

世界のためのこの賢明で鷹揚なプログラムは、1918年11月5日に、理想主義と願望の領域を超えて、世界中のあらゆる大国が署名した厳粛な契約の一部となった。しかし、これはパリの泥沼の中で失われてしまった——その精神は丸ごと、そして個別の記述は部分的に無視され、他の部分は歪曲された。

平和条約草案に対するドイツの指摘は、おおむねこの合意——ドイツ国民はこれをもとに武器を置くのに同意した——の条件と、その後署名を要求して差し出された文書の実際の条項との比較に基づくものだ。ドイツの評論家たちは、この条約草案が自分たちのベルギー侵攻と同じくらいひどい協約違反であり、国際道徳侵犯だということをすぐに示せた。

とはいっても、ドイツの回答は、完全にその場にふさわしいものばかりではなかった。というのも、その内容の相当部分が持つ正当性と重要性にもかかわらず、真に幅広い配慮と高い見識がいささか足りなかったからだ。そして、全体として単純明快さに欠けていた。その状況の過熱ぶりへの絶望から生じる、冷静な客観性もなかった。どのみち、連合諸国政府はまともにとりあわず、議事のあの段階でドイツ代表が何を言おうとも結果に大した影響はなかったはずではある。

個人の持つ最も普通の美徳が、国の代表者にはしばしば欠けている。自分自身ではなく国を代表している政治家は、復讐心が強く、不誠実で、尊大だが、それで特に大した非難を浴びることもない――これは歴史がしばしば示すことだ。こうした性質は勝者が押しつける条約ではよく見られる。しかし、ドイツ代表団は、今回の交渉と他の歴史的な先例とを分かつ性質、すなわちそれがいかに不誠実なものかを、燃えるような予言者的表現で明らかにしきれなかった。

しかし、この主題は私以外のペンに譲らねばならない。私が本書の以下の部分で主に検討しているのは、条約の正義ではなく――敵に対する懲罰的な正義の要求でもなければ、勝者が負うべき契約的正義の責務でもなく――条約の賢明さと条約がもたらす結果のほうだ。

したがって、私は本章において、条約の主な経済条項をありのままに描き出そう。ただし、賠償の話と、そこで要求された支払いに対してドイツが応じるだけの能力があるかどうかについての論評は、次章に譲ろう。

戦前に存在したドイツの経済システムは3つの主要な要因に依存していた。（Ⅰ）商船隊、海外植民地、外国投資、輸出、商人の外国とのつながりによって代表される海外商業。（Ⅱ）石炭と鉄鉱石の活用とそれをもとに作られた産業。（Ⅲ）輸送と関税制度。このうち最初のものは、重要性で決して劣るわけではないが、間違いなく最も脆弱だった。条約はこの3つすべての体系的な破壊を目指しているが、特に狙われているのが最初の2つだ。

I 海外商業

(1) ドイツは連合国に対し、商船隊のうち総トン数1600トン超の船舶すべてを譲り渡し、1000トンから1600トンまでの船舶は半数、トロール漁船などの漁船は4分の1を譲り渡した。[3] この割譲は包括的であり、ドイツ船籍の船舶のみならず、他の国の船籍でも、ドイツ人が所有しているすべての船舶にも適用され、就航した船だけでなく建造中の船もすべて含まれる。[4] さらにドイツは、必要に応じて、最大20万トンまでの船を連合軍のために、[5] 毎年今後5年にわたり建造する。こうした船の価額は賠償として支払うべき金額と相殺される。[6]

つまり、ドイツの商船隊は海から一掃され、今後長年にわたり、自国の商業のニーズを満たせるほどの規模にまで復活できない。当分の間は、ハンブルクからの航路は1つも出ることはなく、外国が自分たちの余った船舶を使って航路を設けようと思った場合にしか船が出入りしない。ドイツは、自分たちの貨物について、先方の言いなりになって輸送料を外国人に対して支払わねばならず、相手が寄越して差し支えないと思うような便宜しか与えられない。ドイツの港湾と商業の繁栄は、スカンジナビアとオランダの商船隊を、実質的に自分たちの影響下に置ける度合いに比例してのみ、復活できるにとどまるらしい。

(2) ドイツは連合国に対し、「海外所有地についてのすべての権利と受益権」を譲り渡した。[7]

この譲渡は、独立主権に関わるものだけでなく、政府資産に対しても不利な条件で拡大される。そうした資産のすべては、鉄道を含め、無償で譲り渡さねばならず、その一方で、ドイツ政府はその財産の購入または建設や、植民地全般の開発に伴って生じた負債については、相変わらず支払責任を負う。[8]

近年の歴史におけるほとんどの類似譲渡を律する慣行とはまったく違い、ドイツ政府だけではなく、ドイツ文民の財産や人員も、損害を被る。旧ドイツ植民地で権限を行使する連合国政府は、「ドイツ国民からの接収と、ヨーロッパ出身のドイツ国民による当地への居住、財産保有、通商、就業の可否について、適切と考える取り決めを行える」[9]。公共工事の建設または活用に関して、ドイツ国民に有利なあらゆる契約や合意は、賠償のための支払いの一部として連合国政府の手に渡る。

しかし、こうした条件は、旧ドイツ植民地内において、「連合及び同盟諸国が、現在の条約の発効日において、ドイツ国民またはドイツ国民が経営する企業の**あらゆる**財産、権利、利権を保持し、清算する権利を留保する」、というもっと包括的な条項に比べれば、大したものではない。[10]

この民間財産丸ごとの接収は、接収される個人に対して連合国が何ら補償を行わずに実施されるものであり、その収益はまず、連合国国民に対する任意のドイツ国民の民間負債返済のために使われ、続いてオーストリア、ハンガリー、ブルガリア、トルコ国民の負債返済に使われる。

残った金額は、清算した国がドイツに直接返すか、あるいはその国が留保する。留保した場合には、その残額は賠償口座においてドイツに計上されるべく、賠償委員会に移転されねばならない。[11]

要するに、ドイツの独立主権とドイツの影響力が旧外国所有地のすべてから根絶やしにされただけでなく、そうした地域に住んだり、財産を保有したりするドイツ国民の人身も財産も、法的な地位や法的な安全保障を奪われるということだ。

（3）旧ドイツ植民地の民間財産について、今概説した条項は、アルザス＝ロレーヌ地方の民間ドイツ資産にも同じく当てはまるが、フランス政府が例外を認めるかもしれないという部分だけ違っている。[12] これは、そこで関連してくる財産がはるかに高価値であり、そうした地域で1871年以来、炭鉱の富が大量に開発されてきた結果として、そこでのドイツの経済利害はドイツ自身の利害とははるかに密接な相互関連を持つために、実務的にはずっと大きな重要性を持つからである。

アルザス＝ロレーヌ地方は50年近くドイツ帝国の一部だった――この地方の人口の多数派がドイツ語を話す――そしてここは、ドイツの最も重要な経済事業の現場だった。それでも、ここに住むドイツ人の財産や、その産業に投資した人々の財産は、いまや完全にフランス政府の意のままであり、補償も得ることができず、あるとすれば、ドイツ政府自身が補償提供を決断するしかない。フランス政府は、アルザス＝ロレーヌ地方に在住または立地しているドイツ文民とドイツ企業の私有財産を、補償なしに接収してよいことになっており、その接収額は部分的にはフランスの各種権利主張を埋め合わせるために計上されることになる。

この規定の厳しさを和らげる唯一のものは、フランス政府が明示的にドイツ国民に対して、そこに住み続けるのを認める場合であり、この場合には先の条項は適用されない。これに対して、政府、国家、地方自治体の財産は、一切の対価なしにフランスに譲り渡されることになっている。これは両地域の鉄道網と、その貨車などの上物を含む[13]。

しかし、財産は接収されたのに、その財産のために各種の公債の形で契約された負債は、ドイツの債務のままだ[14]。両地域はまた、フランスの主権に戻るが、ドイツの戦時中や戦前からのまかないきれない債務は一切負担しない。また、ドイツは賠償に際し、この部分が貸方に計上してもらえるわけではない。

（４）ドイツ民間財産の接収は、旧ドイツ植民地とアルザス＝ロレーヌ地方に限られてはいない。実はそうした財産の扱いは、条約のきわめて重要で重大な部分を構成しており、ヴェルサイユではドイツ代表団による極度に激しい反対にあったのにもかかわらず、それにふさわしい注目を得てはいない。私の知る限り、最近の歴史におけるどんな平和条約でも、以下に述べるような民間財産の扱いをした前例はなく、ドイツ代表団は今回このような先例を確立することは、あらゆる場所の民間財産の安全保障にとって、危険かつ不道徳な打撃を与えるものだと強く述べた。

これは誇張だ。過去2世紀にわたり、国の財産権とその国民の財産権との間に引かれた明確な区分は、習慣と伝統により承認されたものではあるが、人工的なものでしかなく、平和条約以外の各種の影響のせいもあって急速に古くなりつつあるし、国家と市民との間の現代的な社会主義的発想からすれば不適切なものだ。しかしこの平和条約が、これまで述べられてきた形でのいわゆる国際法の根底にある概念に対し、破壊的な一撃をもたらしたのは事実だ。

現在決められている、ドイツ国境の外にあるドイツ民間財産の接収に関連する主要な条項は、その言及で重複する部分があり、場合によっては、その中で過激なほうの条項が、他のものを不要にしているように思える。しかし、一般的に言えば、過激で包括的な規定は、もっと個別で限られた適用に比べて、あまり厳密に記述されてはいない。これは次のとおりである。

（a）連合国は「現在の条約の発効日において、現在の条約で割譲された領土を含め、ドイツの領土、植民地、属領、保護領ドイツ国民またはドイツ国民が経営する企業のあらゆる財産、権利、利権を保持し、清算する権利を留保する」[15]。

これは、植民地とアルザス＝ロレーヌ地方についてすでに論じた条項の拡張版だ。このようにして接収された財産の価額は、まずは、ドイツがその清算を実施する場所の連合国政府の国民たちに支払うべき民間負債の返済にあてられ、次に、ドイツの旧同盟国の行動から生じた損害賠償の実施にあてられる。残額があれば、それを清算した政府が留保したいのであれば、賠償勘定に計上しなくてはならない[16]。

しかし、清算を実行する政府が、残額を賠償委員会に移転するのは義務ではなく、判断次第ではその残額をドイツに直接返せるというのは、きわめて重要なポイントとなる。というのもこれにより、アメリカは、望み次第では、きわめて巨額の残額をかれらの適正財産信託人の手に渡し、賠償委員会の見解など考慮せずに、ドイツの食糧供給に対する支払いに使えるからだ。

こうした規定の起源は、手形交換所を使った敵国債務の相互清算方式だ。この提案の下で、今回参戦した各政府が、自国民から他の国民に返済されるべき民間**債務**の取り立てに責任を持ち（通常の取り立てプロセスは戦争により停止していたため）、そのように集めた資金を、他の政府の国民に対して自国民が持っていた**債権**に応じて配分し、そして最終的な残額を現金清算することで、なるべく手間と訴訟を避けられると期待されていた。

こうした方式は、完全に2国間で相互的なものとなる。そして、確かに今回の仕組みも、民間負債の取り立てに関しては主に相互的ではある。しかし、連合国政府は完全勝利を収めたため、自分にとって利益になるような互恵性逸脱を導入できるようになった。それらの主要なものは、以下のとおりである。

第一に、連合国の国民の財産でドイツの領土内にあるものは、この条約下では、講和実現後、連合国の所有下に戻るが、連合国領土内のドイツ人の財産は、先に述べたように留保されて清算され、結果として世界の相当部分にあるドイツ人の財産のすべてが接収できることになり、現在連合国の公的信託人や類似の役所の信託下にある巨額の財産は永遠に留保できるのだ。

第二に、こうしたドイツの資産は、ドイツの負債と相殺されるだけでなく、トルコ、ブルガリア、オーストリアなどの「他の敵国の領土内にある財産、権利、利権について連合および連盟国の国民が持つ支払請求額の返済」にもあてられる。[17] これは驚異的な条項であり、もちろん相互的ではない。

第三に、文民の勘定において、ドイツに残った最終的なプラスの残高はドイツに支払う必要がなく、ドイツ政府の各種負債の弁済にあてられる。[18] こうした条項の実際的な運用は、権利書、登記書、情報の引き渡しにより保証される。[19]

第四に、連合国民とドイツ国民の戦前の契約は、連合国民の選択次第で破棄または復活させることができ、このためドイツに有利になる契約はすべて破棄され、逆に自分に不利となる契約は履行させられる。

(b) これまでは、連合国領土におけるドイツの財産について述べてきた。次の条項は、ドイツの利権を近隣国や旧同盟国、他の一部の国から根絶やしにするのが狙いだ。

財務条項の260条の下では、賠償委員会が条約発効から1年以内であれば、「ロシア、中国、トルコ、オーストリア、ハンガリー、ブルガリア、これら諸国の領有地や属領、あるいはその他ドイツやその同盟国に所属していたすべての領土で運用されているあらゆる公益事業や利権を、[20] ドイツかその同盟国から、この条約で定められる国に割譲するか、あるいは委任統治国の管理下に置く」ために、ドイツ政府が自国民から接収し、賠償委員会に提出するよう要求できる。

これは包括的な記述であり、部分的に先の（a）で扱った条項と重複しているが、特筆すべきはここに、旧ロシア、オーストリア＝ハンガリー、トルコの各帝国から切り離された新国家や領土も含まれていることだ。

こうしてドイツの影響力は、ドイツが将来の生活の資を求めるのが自然だと思われるこうした近隣国すべてから排除され、資本も没収され、エネルギーや事業能力や技術能力を活用できる場も奪われてしまった。

このプログラムを詳細に実施すると、賠償委員会の肩には奇妙な仕事がふりかかってくる。この委員会は、従順かどうかも怪しく、戦争と騒乱とボリシェヴィズムで無秩序となった広大な領土に散在する、大量の権利や利権の所有者となるからだ。勝者たちの間でそうした戦利品をどう山分けするかという話も、強力な機関の仕事を作り出すだろう。というのは、そのオフィスの戸口には、20か30の国々から、貪欲な山師や嫉妬まみれの利権漁り屋たちが押し寄せて、その場を汚すだろうからだ。

賠償委員会が無知のためにその権利を十分に行使しえない場合に備えて、さらに規定されていることがある。ドイツ政府は賠償委員会に対し、条約発効後6カ月以内に、「すでに与えられたもの、条件つき、あるいは未行使のものすべてを含む」ここで扱われる権利や利権すべての一覧を伝達するものとされ、この期間にこのやり方で伝達されなかったものは、すべて自動的に消失して連合国政府のものとなるとされているのだ。[21] このような性質の勅令が、自分自身の政府の管轄下の外にある人身や財産を持つ個別のドイツ国民に対し、どこまで拘束力を持ちうるのかは決着がついていない。しかし、先の一覧で名の挙がった国はすべて、連合国当局により、適切な条約の条項の有無などおかまいなしに、圧力にさらされかねないことになる。

（c）以上のいずれよりももっと包括的な、第三の条項がある。これまでの2つは、**中立**国におけるドイツの利害には影響を与えるものではない。だが、賠償委員会は１９２１年5月１日まで、**自分が指定する任意の方法**で、「黄金、商品、船舶、証券その他などの形で」最大10億ポンドの支払いを要求する権限を持つ。[22] この条項は、ここに挙がった期間内において、賠償委員会に対し、ありとあらゆる形のドイツの財産すべてに対して専制的な権限を与えるものだ。

この条文の下で、委員会はどんな個別事業、企業、財産に対してであれ、その所在地がドイツの中だろうと外だろうと、それを放棄して譲渡するように要求できてしまう。そしてその権限は、講和時点で存在していた財産だけでなく、今後18カ月の任意の時点で生産・取得されたすべての財産にも適用されるらしい。たとえば、委員会は、ドイツ電力監督社（ＤＵＥＧ）と呼ばれる南アメリカにある立派で強力なドイツ企業を接収し、それを連合国の好きなように処分できる――おそらく、この委員会が設立されたらすぐにそうするだろう。この文言は曖昧さのないものであり、きわめて包括的だ。

ついでに、この条文が損害賠償の取り立て方法として、きわめて目新しい原理を導入していることも、指摘しておく価値があるだろう。これまでは、ある金額が決められたら、罰金を科された国はその支払手段の考案と選択は自由に任されてきた。だが今回は、支払いを受ける側が（一定期間は）ある金額を要求できるというだけでなく、その支払いを実現するためにどの財産を使うか指定できることになる。このように、賠償委員会の権限（これについては次章でもっと詳しく扱う）は、支払いを引き出すだけでなく、ドイツの商業経済組織を破壊するのにも使えるのだ。

（a）、（b）、（c）をまとめて考えたときの効果（およびここで詳述する必要はないと私が判断した、いくつかの細かい規定）は、ドイツがこの条約で定められた自国国境線の外に所有するものすべてを奪い取る（あるいはむしろ、連合軍に好き勝手にドイツから奪い取る権限を与えるというべきか――ただし、まだこれは実施されていない）ことだ。ドイツの海外投資が奪われ、交易関係も破壊されるばかりか、同じ根絶プロセスはドイツの元同盟国や地上での隣接国の領土にまで適用されてしまうのだ。

（5）なにやら見過ごしがあって、今までの規定が考えられる条件を見逃している場合に備えて、条約の中には他の条項がいくつかある。これは、実際的には既述のものに、大して付け加えるものではなさそうだが、勝利した列強が敗北した敵国の経済的な従属を、極度に完璧に実現しようとした精神を示すものとして、簡単に触れておく価値がある。

まず、その範囲設定と権利放棄の一般的条文がある。「本条約で決定されたヨーロッパ内の国境の外にある領土において、ドイツは同国およびその同盟国の領土の内部およびその領土自体に対するすべての権利、利権、特権、およびドイツが連合および連盟諸国に対して持っていたあらゆる権利、利権、特権を、その起源を問わず……」[23]。

その後に、もっと個別の条項がいくつか続く。ドイツは中国で獲得したすべての権益や特権を放棄する。[24] 似たような条文がシャム、[25] リベリア、[26] モロッコ、[27] エジプト[28]についてもある。エジプトの場合、特権が破棄されるにとどまらず、150条により、通常の自由も取り下げられ、エジプト政府は「ドイツ国民の地位と、かれらがエジプト国内に残留する場合の条件を規定する完全な行動の自由」を与えられている。

258条で、ドイツは、「連合および連盟国のいずれか、あるいはオーストリア、ハンガリー、ブルガリア、トルコ、あるいはこれらの国々の属領、あるいは旧ロシア帝国で活動する」国際的な性格を持つ、あらゆる金銭的経済的組織への参加に対する権利を破棄される。

全般的に言えば、連合国政府にとって復活させると得になる戦前の条約だけが復活させられ、ドイツの得になるものはそのまま失効する。[29]

しかし、こうした条項は、既述のものと比べれば、いずれも大して重要でないのは明らかだ。これらの条項は、ドイツが連合国の都合に応じて違法化され、経済的に従属させられるプロセスの論理的な完成を示す。だが、ドイツの実質的な障害を大きく悪化させるものではない。

II 石炭と鉄鉱

石炭と鉄鉱に関する規定は、その目先の金銭価値よりは、ドイツの国内産業経済への最終的な影響という点のほうで重要となる。ドイツ帝国は、血と鉄により築かれたというより、石炭と鉄で築かれたというほうが正しい。ルール地方、上シレジア地方、ザール地方の巨大な炭鉱の上手な活用こそ、鋼鉄、化学、電気産業の確立を可能にし、これがドイツをヨーロッパ大陸の筆頭工業国にしたのだった。ドイツ人口の3分の1は人口2万人以上の都市に住んでいるが、この工業集積は石炭と鉄の基盤の上でのみ可能なものだ。だから、フランスの政治家たちが、ドイツの石炭供給に打撃を与えようとした狙いは間違ってはいない。長期的には、この状況を救えるのは、この条約のすさまじい法外さと、実際には技術的に不可能であることだけだ。

（1）条約はドイツの石炭供給に4通りの方法で打撃を与える。

（i）「フランス北部の炭鉱破壊に対する補償として、また戦争から生じた損害に対して、ドイツが支払うべき賠償総額の部分的な支払いとして、ドイツはフランスに対してザール河床地域に位置する炭鉱について、完全かつ絶対的な所有権を割譲し、その採掘についてあらゆる債務やいかなる手数料をも伴わず独占権を与える」[30]。この地区の管理は15年にわたり国際連盟に任されるが、炭鉱は絶対的にフランスに割譲される点に注目する必要がある。15年経ったら、この地区の住民たちは、この領土が将来どこの独立主権下に入るかという希望を住民投票で示すことになる。そして、その選挙でドイツとの再統合が選ばれたら、ドイツは炭鉱を黄金で指定された価格で買い戻す権利を得る。[31]

世界の判断はすでに、ザール地方での取引を、収奪と不誠実の行為だと認識するようになっている。フランス炭鉱の破壊に対する補償について言うなら、これは後で見るとおり、条約の他の部分でカバーされている。

ドイツ代表団は、次のように、まったく正確に指摘している。「ドイツの中で、住民がザール地方ほど定住し、均質で、複雑なところのない工業地域は他にない。住民65万人以上のうち、1918年にはフランス人は100人しかいなかった。ザール地方は1000年以上にわたり、ドイツ人の領土だった。フランスによる戦争行為の結果として生じた一時的な占拠は、常に短期間で終わり、平和条約締結後にはドイツに戻った。過去1048年のうち、フランスがこの地域を領有したのは合計68年にも満たない。1814年の第一次パリ条約締結の際に、現在要求されている領土のごく小さな部分がフランスに留保されたとき、そこの住民はきわめて活発な反対運動を繰り広げて、自分たちが『言語、習慣、宗教によって親戚関係にある』『父祖の地ドイツとの再統合』を求めた。1年3カ月の占領後、この願いは1815年の第二次パリ条約で配慮された。それ以来、この地方は絶えることなくドイツと結びついており、その経済発展もドイツとのつながりのおかげである」。

フランスは、ロレーヌ地方の鉄鉱山を稼働させるために石炭を欲しがっており、ビスマルクの精神にのっとりそれを奪い取ったわけだ。先例ではなく、連合国の口頭による声明により、これは擁護しがたいとされた[32]。

(ii) 上シレジアは、大都市のない地区だが、ここにはドイツ最大級の炭田があり、ドイツの石炭総生産量の23パーセントを占めているが、ここは住民投票次第[33]でポーランドに割譲される。上シレジアは、歴史的にポーランドの一部だったことはない。しかし、その住民はポーランド系、ドイツ系、チェコスロバキア系が交じっており、その正確な構成比については論議がある[34]。経済的にはきわめてドイツ色が強く、東ドイツの工業は石炭供給をここに頼っている。ここを失うのは、ドイツ国家の経済構造に対する破壊的な打撃となるだろう[35]。

上シレジアとザール地方の炭田を失うと、ドイツの石炭生産は3分の1近く失われる。

(iii) ドイツは、国内に残された石炭の中から、フランスが北部地域で戦争により被った、炭鉱の破壊と損害についての推定損失を毎年補う必要がある。賠償章の第5付属書の第2段落によれば、「ドイツはフランスに対して毎年、10年を超えない期間にわたり、ノールおよびパ・ド・カレー県における戦争の結果として破壊された炭鉱の戦前年間生産量と、同地域における同期間の生産量との差分を調達する。この調達は最初の5年のいずれの年であっても2000万トンは超えず、その後の5年間のいずれの年であっても800万トンを超えないものとする」。

これは単独で見ればもっともな条項であり、ドイツもこれを実行するための他の資源が残されているのであれば対応できるものだ。
(iv) 石炭に関する最後の条項は、賠償章の全般的な仕組みの中で、賠償金の一部は現金ではなく現物で支払うべきとされている部分に関係する。賠償のための支払いの一部として、ドイツは石炭またはそれに相当するコークスを提供するものとされている(フランスへの提供は、ザール地方割譲や、フランス北部の破壊に対する補償として、フランスが手に入れうる石炭量とは、完全に別建てである)。
(a) フランスには、10年にわたり年700万トン[36]、
(b) ベルギーには、10年にわたり年800万トン、
(c) イタリアには、1919~1920年は450万トンだが、1923~1924年から1928~1929年にかけて毎年増やして、最終的に年850万トンに、
(d) ルクセンブルクには、必要なら、同国の戦前のドイツ石炭年間消費量に等しい量。
これらを合わせると年平均2500万トンほどになる。

こうした数字は、ドイツで想定される産出量との対比で見る必要がある。戦前の最高記録は、1913年の1億9150万トンだ。このうち1900万トンは炭鉱で消費され、純量で見ると(つまり輸出から輸入を引いた数字)3350万トンが輸出され、国内消費用には1億3900万トンが残る。この総数の使途内訳は次表上部のように推計される。

（単位：100万トン）

鉄道	18.0
ガス、水道、電気	12.5
塹壕、防空壕	6.5
住宅用燃料、小工業、農業	24.0
工業	78.0
合計	139.0

（単位：100万トン）

アルザス＝ロレーヌ	3.8
ザール流域	13.2
上シレジア	43.8
合計	60.8

領土喪失に伴う生産量低下は上の表下部のとおり。

したがって、1913年の産出量をもとに考えると残るのは1億3070万トン、炭鉱自体での消費量を差し引けば、（おおよそ）1億1800万トンだ。数年にわたりこの供給の中から、フランス炭鉱に対する損害の補償として最大2000万トンを送らねばならず、フランス、ベルギー、イタリア、ルクセンブルクに2500万トンを送らねばならない。[37] 前者の数字は最大値であり、後者は初期の数年はちょっと低いはずなので、ドイツが連合国に対して提供すると約束した総輸出は4000万トンと考えられ、上記を根拠に、戦前の消費量1億3900万トンに対して、自国で使う分を7800万トンと考えればいい。

しかし、この比較は、かなり補正しないと正確なものにならない。一方で、戦前の産出量は今日の産出量の基準としてあてにできないことは確かである。1918年の生産量は1億3900万トンで、これに対して1913年には1億9150万トンだった。1919年前半にはこれが5000万トン以下だ。これは、アルザス＝ロレーヌ地方とザール地方を除き、上シレジアは含めたもので、これらは生産量として年間およそ1億トンに相当する。[38] これほど低い産出量の原因は、一部は一時的で例外的なものだが、ドイツ当局も認めているように、その原因の一部は今後当分続くはずであり、いまだ反論もされていない。

一部の原因は他の国と同様だ。日々の労働時間は8・5時間から7時間に短縮されたし、中央政府の力がそれをかつての水準に戻すのに十分だとは考えにくい。しかも、それに加えて、鉱山設備がひどい状況だ（これは、禁輸によるいくつか重要な材料の欠如のせいだ）。労働者の肉体的な効率も栄養失調でかなり損傷し（もし、賠償要求の10分の1税を納めようと思ったら、この栄養失調は改善できない――生活水準はむしろ引き下げねばならない）、また、戦争での死傷により、有能な鉱夫の数は減ってしまった。

イギリスの状況から類推するだけで、戦前の産出水準は、ドイツでは期待できないということは十分にわかる。ドイツ当局は産出量の低下を30パーセント強としているが、その原因として労働時間の短縮と、それ以外の経済的影響が半々程度としている。この数字は一般的にはもっともらしいが、私はそれを裏付けたり、批判したりするだけの知識はない。

したがって、戦前の1億1800万トン（領土喪失と炭鉱での消費を除いた純量）という数字はおそらく下がり、上記の要因をすべて考えると約1億トンになりそうだ。[39] このうち4000万トンが連合国に輸出されると、ドイツ自身が国内消費への対応で使えるのは６０００万トンだ。領土縮小により、供給だけでなく需要も減るが、どんなに壮絶な推計をしても、需要の減少は２９００万トンを超えるはずはない。[40]だからここでの仮想的な計算で、戦後ドイツの国内需要は、戦前の鉄道や工業の効率性が維持されるとして、１億１０００万トンとなる。これに対して、産出量は１億トンを上回ることはなく、うち４０００万トンは連合国の唾がついている。

この主題の重要性から、私はいささか長ったらしい統計分析をしてみた。算出された細かい数字をあまり真に受けてはいけない。これらの数字は試算でしかない怪しいものだからだ。[41]しかし、事実関係の全般的な特徴はどうしても浮かび上がってくる。もし、ドイツが工業国としてこの先もやっていくつもりなら、領土喪失と効率性の低下を考慮しても、ドイツは近い将来に石炭を輸出することはできない（また、条約に基づく上シレジアからの購入権にも依存していくことになる）。

無理矢理輸出すれば、１００万トンごとに産業分野を１つ丸ごと潰さねばならない。後での計算結果に基づけば、これはある**程度まで可能**ではある。だが、ドイツが連合国に対して年４００万トンの供給などできないし、しないことは明らかだ。自国民にそれが可能だと告げた連合国の大臣たちは、ヨーロッパの人々が抱いている恨みをまとめあげるためとはいえ、間違いなくその国民たちが歩んでいる道筋についてごまかしたのだ。

平和条約の中にあるこうした（これだけではないが）妄想的条項は、将来への危険が特に大きい。

賠償の受け取りについての特に現実離れした期待は、フランスの大臣たちが国民を欺くのに使ったものだが、課税と緊縮で自国を立て直すのを先送りするという目先の目標を達成したら、二度と話題にのぼることはなくなるだろう。

しかし、石炭条項はそう簡単には忘れ去られない——理由は、それがフランスとイタリアの利益にとって絶対的な重要性を持つからである。だから、両国はありとあらゆる手立てを講じてでも、自分たちの債権取り立てを行うはずだ。フランスにおけるドイツの破壊による産出減少と、イギリスなどにおける炭鉱からの産出減少と、輸送機関の破壊や産業構造の破壊、新生政府の非効率性といったその他多くの二次的な原因の結果として、全ヨーロッパの炭鉱需給は極度に逼迫している。[42] そして、フランスとイタリアは、一部の条約の権利をめぐって大争奪戦を繰り広げたから、それを簡単には放棄すまい。

現実のジレンマが通常そうであるように、フランスとイタリアの立場はすさまじい力を持ち、実際、それはある観点からすれば、反論の余地がない力となる。その立場は、ドイツ工業に対するフランスとイタリアの工業という問題として真に表されるだろう。石炭を譲り渡せばドイツ産業が破壊されるというのは認められても、譲り渡さなければフランスとイタリアの工業が危険にさらされるというのも同じく事実だろう。

こうした場合、勝者の主張のほうが条約上の権利を持っているので、優先されるべきではないか？　特に、損害の相当部分は結局のところ、いまや敗北を喫した者たちの邪悪な行動のせいなのだから。しかし、こうした感情やこうした権利が、叡智の推奨する範囲を超えて認められるのであれば、中央ヨーロッパの社会経済生活に対する反作用は、その当初の限界の範囲内に封じ込めておくには強すぎるものとなるだろう。

だが、これではまだ問題の全体像には至らない。もし、フランスとイタリアが自分たちの石炭不足をドイツからの生産で補うのであれば、これまで石炭の相当部分をドイツの輸出可能な剰余分から得ていた北欧、スイス、オーストリアは、供給を断ちきられることになる。戦前には、ドイツの石炭輸出のうち、1360万トンはオーストリア=ハンガリー向けだった。旧オーストリア=ハンガリー帝国の炭田のほとんどすべては、現在のドイツ人系オーストリアの外にあるので、もしオーストリアがドイツから石炭を得られなければ、同国の工業荒廃は完璧なものとなる。

ドイツの近隣中立国は、以前は石炭を一部はイギリスから得ていたが、大半はドイツから得ていた。そのため、それらの国の状況も深刻さの点でひけをとらない。かれらはドイツにとって不可欠な生産物を作り、それと引き替えに石炭で支払いを受ける方向に必死で向かうだろう。事実、すでにこれをやっている。[43]

貨幣経済の崩壊とともに、国際的な物々交換の慣行が広まっている。最近では、中央ヨーロッパや東南ヨーロッパでは、貨幣は交換価値の真の指標となることはほとんどなく、それがあっても必ずしも何か買えるとは限らなくなっている。その結果として、ある国が、別の国のニーズにとって不可欠な商品を持っていたら、現金と引き替えではなく、後者の国がお返しに同じくらい前者にとって必要性の高い商品を何か提供するという、互恵的な取引でしか販売しないようになっている。これは、かつての国際貿易におけるほとんど完璧な単純さに比べると、驚異的なややこしさだ。

しかし、同じくらい驚異的な今日の工業状況においては、生産を刺激する手段としてそれなりの利点もないわけではない。ルール地方のバターシフト[44]は、現代ヨーロッパがいかに物々交換の方向にまで退行したかを示しており、通貨の破綻と個人や国同士の自由な取引が、急速にどれほど低水準の経済的組織に向かっているかについて、赤裸々な姿を描き出している。しかし、その仕組みによって、他の方法では実現できない石炭生産が可能にはなるのだ[45]。

だが、ドイツが近隣中立国のために石炭を提供できるなら、フランスとイタリアは、ドイツが条約上の義務を果たせるはずだし、果たすべきだと声高に主張するだろう。この際には正義が大きくふりかざされ、こうした主張に対しては、以下のような起こりうる事実で対抗することも難しい。その事実とは、ドイツの炭坑夫たちはバターのためになら働くが、売っても一銭ももたらさないような石炭を掘り出すよう、かれらを説得する手段などないし、もしドイツが近隣国に送る石炭がないのなら、経済的な存続に不可欠な輸入品も確保できなくなる、ということだ。

もしヨーロッパの石炭供給が、まずフランスの取り分が満たされ、続いてイタリアの取り分で、その他の各国は運任せの取り合いになるのであれば、ヨーロッパ工業の未来は闇であり、革命の可能性は大いに高まる。これは、特定の利害や個別の権利主張が、いかに感情や正義論のしっかりした基礎を持っていようとも、主権者の都合に道を譲るべき事例だ。

ヨーロッパの石炭生産量が3分の1下がったというフーヴァー氏の計算が少しでも真実に近いなら、必要性に応じて公平で平等に分配が行われるべき状況が生じ、生産量の増大と経済的な輸送手段を実現するためには、あらゆるインセンティブを動員しなくてはならない。

1919年8月に連合国最高評議会が、イギリス、フランス、イタリア、ベルギー、ポーランド、チェコスロバキアの代表からなるヨーロッパ石炭委員会を設立したのは、よい手法であり、この委員会が適切に活用されて拡張されたら、大きな助けになるかもしれない。だが、建設的な提案は第7章まで待とう。ここでの私は、条約を**文字どおりに**実施した場合の結果と**その不可能性を**検討するにとどめる。[46]

（2）鉄鉱石に関する条項は、石炭ほど詳しい検討は必要ないが、その影響は破壊的だ。詳しい検討が不要だというのは、それがおおむね避けがたいことだからだ。1913年にドイツで生産された鉄鉱石の、ほぼずばり75パーセントはアルザス＝ロレーヌ地方産のものだ。[47] 奪われたこの地方の主な重要性は、ここにある。

ドイツがこうした鉄鉱山を失わねばならないというのは、疑問の余地がない。唯一の疑問は、その鉄鉱山からの産物を買うための便宜を、ドイツがどこまで認めてもらえるかということだ。

ドイツ代表団は、ドイツがフランス向けに用意する石炭とコークスが、ロレーヌ地方からの褐鉄鉱と引き替えに渡されるべきだという条項を含めるよう、非常に努力をしてきた。しかし、そうした記述は確保できず、この話はフランスのさじ加減次第となっている。

フランスが今後打ち出す政策を律する動機は、完全に一貫したものではない。ロレーヌ地方はドイツの鉄鉱石の75パーセントを占めていたが、同国の高炉のうち、ロレーヌ地方とザール河床を合わせた地域にあるのは25パーセントにすぎず、鉄鉱石の相当部分はドイツ本土に運ばれていた。ドイツの鉄鋼鋳造所のうち、アルザス＝ロレーヌ地方にあるものもだいたい同じ割合、つまり25パーセントだった。したがって、今のところ、最も経済的で利潤の高いやり方は、鉱山の採掘量の相当部分を今までどおりドイツに輸出することだ。

その一方で、フランスはロレーヌ地方の鉄鉱脈を取り戻したから、ドイツがそれに基づいて築き上げた産業を、自国国境内に配置された産業により、できる限り代替したがるかもしれない。だが、フランス国内で工場と技能労働が発達するまでにはかなりの時間がかかるし、それができたとしても、ドイツからの石炭の受け取りに頼ることができない限り、鉄鉱石はほぼ扱いきれないに違いない。また、ザール地方の最終的な運命をめぐる住民投票という不確実性も、フランス国内に新しい産業を確立しようかと考える資本家の計算においては、不穏要因となる。

実はここでも、他の点と同様に、政治的な配慮が経済的な配慮を、悲惨な形で切り裂いてしまっているのだ。自由貿易と自由な経済交流の体制下では、鉄が政治的国境の片側にあって、労働力と石炭や高炉が反対側にあっても大した影響はない。だが実際には、人々が自分自身とお互いを貧窮化させる方法を編み出している。そして、個人の幸福よりも集合的な恨みを優先しているのである。

ヨーロッパ資本主義社会の現在の情熱と衝動について考慮すると、ヨーロッパの実質的な鉄の生産量は、新しい政治的国境（これは感情と歴史的正義が要求するものだ）により間違いなく減少しそうだ。というのも、ナショナリズムと民間利益に対して、政治的国境に沿って新しい経済的国境を作ることが容認されているからだ。こうした後者の考慮が、ヨーロッパの現在のガバナンスにおいては、戦争の破壊を修復するための最も持続性ある効率のよい生産や、もっと大きな報酬を求める労働者の主張を満たすという、大陸が大いに必要とするものよりも優先されるのだ。[48]

程度こそ劣るものの、同じような影響が、上シレジアをポーランドに移譲する場合にも起こるはずだ。上シレジアにはあまり鉄鉱石はないが、石炭があるので、大量の高炉がそこに作られた。こうした高炉の運命はどうなるだろうか？　ドイツが西側からの鉄鉱石供給から切り離されたら、自分の手元に残ったわずかな量のうち、少しでも東側の国境を越えて輸出するだろうか？　工業の効率と生産量は間違いなく下がるはずだ。

つまり、条約は工業の仕組みに打撃を与え、工業の仕組みを破壊することで、コミュニティ全体の減少した富をさらに壊してしまう。現代の工業主義の基盤である石炭と鉄の間に確立される経済的国境は、有用な商品の生産を減らすだけでなく、現状のままでは政治的な条約の命令を満足させるため、あるいは産業の適切な立地に対する障壁が設けられたために、鉄鉱石や石炭を何キロも無駄に引きずり運ぶため、とんでもない数の人間の労働力が奪われることになる。

Ⅲ 輸送と関税制度

あとは条約の中で、ドイツの輸送と関税制度に関連した条項がある。条約のこうした部分は、これまで論じてきた部分ほどの重要性や意義はほとんどない。針で指をつついた程度の、不都合や面倒でしかなく、その確固たる結果のために反対すべきものというより、連合国にとって、公言してきたものに照らして不名誉だというだけだ。以下に続くものについて、ドイツが武器を置いたときにあてにした、既述の確約に照らしてどう思われるかは、読者が判断されたい。

（1）様々な経済条項は、14カ条の3条の精神に合致した数々な条文で始まる——もし、14カ条が相互的であったなら。輸出についても輸入についても、関税、規制、禁止条項についても、ドイツは5年にわたり連合および連盟国に対し、最恵国待遇を与えるよう縛られている。[49]だが、ドイツはそんな扱いを受ける権利を与えられていない。

5年間にわたり、アルザス＝ロレーヌ地方は、自由にドイツに輸出でき、1911年から

1913年にかけて毎年ドイツに輸出された平均量の分までは、関税を支払う必要がない。[50] しかし、ドイツからアルザス＝ロレーヌ地方への輸出についてはこうした規定はない。

ポーランドからドイツへの輸出は3年間、ルクセンブルクからドイツへの輸出は5年間、似たような特権を与えられる[51]――だが、ドイツからポーランドやルクセンブルクへの輸出には適用されない。また、ルクセンブルクは、長年にわたりドイツ関税連合に加入することで便益を享受してきたが、今後はそれから永遠に排除される。[52]

条約発効後6カ月にわたり、ドイツは連合および連盟国からの輸入品に対し、戦争前に設定されていた最恵的関税より高い関税をかけてはならず、さらに、その後2年半にわたり（つまり延べ3年）、この禁止規定は一部商品について適用される。特に戦前に特別な協定が存在した商品や、ワイン、植物油、人絹、洗浄ウールなどにも適用され続ける。[53] これは荒唐無稽で有害な条項であり、このために、ドイツは限られた資源を必需品の購入と賠償支払いのために確保するのに必要な手立てを講じられない。

ドイツでの現在の富分配の結果と、そして不確実性の産物である金遣いの奔放さが個人の間で高まっているために、ドイツは何年にもわたり飢えてきた外国からの奢侈品や準奢侈品の洪水に脅かされている。これは外貨のわずかな蓄えを使い果たすか、減らしかねない。これらの条項は、こうした消費を抑制したり、危機的な時期に税金を引き上げたりするドイツ政府の権限を攻撃するものだ。ドイツから流動資産を取り上げ、将来に向けて無理難題の支払要求をした後で、繁栄の日々と同じくらいのシャンペンや絹の輸入を認めろなどという特別かつ個別の口出しを導入するとは、なんとも無分別な貪欲さの暴走であることか!

もう1つ、ドイツの関税制度に影響する条文がある。これが適用されると、その結果は深刻で幅広いものとなる。連合国は、ライン川の左岸の占領地域に対し、「こうした地域の住民の経済的利益を安全に守るために、その種の手法が必要と連合国が判断するとなれば[54]」、特別な関税制度を適用する権利を留保している。この条項はおそらく、ドイツからライン川の左岸地域を占領期間中は何とかして切り離したい、というフランスの政策のオマケとしては好都合なため、導入されたのだろう。フランスの教権的な支援の下、独立共和国を設立し、それが緩衝国となるばかりか、ドイツ本土をライン川の向こうに追いやるというフランスの野望を実現するプロジェクトは、まだ放棄されてはいないのだ。

中には、脅し、賄賂、無理強いの制度を15年かそれ以上にわたり続ける間に、かなりの成果を挙げられると信じている人もいる。[55] もしこの条項が実際に施行され、ライン川左岸の経済システムが実質的にドイツの他の部分から切断されたら、その影響は甚大となる。だが、条文を設計する外交官たちの夢は常に成功するとは限らない。私たちも将来を信じねばならないのだ。

(2) 鉄道に関する条項は、もともとドイツに提示された形から、最終的な条約で大幅に改訂され、いまや連合国領土からドイツにくる財や、ドイツを通過する財は、鉄道貨物料金などの面で最恵待遇を受けるという条項に限られている。最恵待遇とは、**あらゆる**ドイツ路線で「たとえば路線距離などの面で類似の輸送条件の下」[56]で、同種の財を運ぶ際に受けている最もよい待遇ということだ。非相互条項なので、これは国内の取り決めに対する介入行為であり、正当化は困難であるが、この条項[57]と旅客交通に関する類似の条項[58]が持つ実務的な影響は、「類似の輸送条件」という一節の解釈に大いに依存する。[59]

当分の間、ドイツの輸送システムは、貨車や機関車の割譲に関連する条項から生じる混乱のほうがずっと大きい。休戦条件の第７段落の下で、ドイツは機関車５０００台と貨車15万台を譲り渡すように言われ、それも「正常に作動する状態で、必要なスペアパーツや付属物完備で」提供するものとされた。条約の下でドイツはこの休戦条件を確認し、この資材に対する連合国の所有権を承認することになっている。[60] さらに、割譲された領土にある鉄道の場合には、その鉄道網を、あらゆる機関車や貨車とともに、１９１８年11月11日以前の最も近い在庫一覧に示された、「通常の保守整備状態で」提供するものとされる。[61] これはつまり、割譲された鉄道システムは、ドイツの鉄道車両全体の一般的な損耗と劣化を一切負うものではないということだ。

この損失は、いずれは間違いなく取り戻せる。しかし、潤滑油の欠如と戦争がもたらしたひどい損耗は、通常の修理では埋め合わせられず、すでにドイツの鉄道システムは効率がかなり落ちている。条約の下でのさらなる大きな損失は、当分の間このような事態を確定させるものとなり、これは石炭問題や輸出産業全般における様々な困難を大幅に悪化させるはずだ。

（３）残るはドイツの河川系に関する条項だ。これらはおおむね無用の長物であり、連合軍の狙いと称するものとあまりに関係が薄いため、その内容は一般には知られていない。だがそれは、ある国の国内の仕組みに対する空前の介入となっており、ドイツから自国の交通システムに対する実質支配をすべて奪うような形で運用できるものだ。現在の形態では、まったく正当化できるものではない。だがちょっとした改訂で、まともな道具に変身させることはできる。

ドイツのほとんどの主要河川は、水源または河口をドイツ以外の領土に持つ。ライン川はスイスが水源で、その流れの一部は国境河川であり、河口はオランダだ。ドナウ川はドイツが水源だが、その大部分の流路は他の国を流れている。エルベ川はボヘミアの山から発するが、そこはいまやチェコスロバキアと呼ばれる。オーデル川は下シレジアを流れる。そしてニーメン川は、東プロシアの国境を規定し、水源はロシアだ。このうちライン川とニーメン川は国境河川であり、エルベ川は主にドイツ領だがその水源付近はボヘミアにとってきわめて重要であり、ドナウ川のドイツ領内の部分はドイツ以外の国にはあまり利害を持たず、オーデル川は上シレジア全体をドイツから切り離すという住民投票の結果にならない限り、ほぼ純粋にドイツの川だ。

条約の文言にある、「1国よりも多くの国家に対して海へのアクセスを提供する」河川は、当然ながら国際的な規制手段と、差別を防ぐ適切な保証が必要である。この原理は、ライン川とドナウ川を統括する国際委員会で昔から認識されていた。しかし、こうした委員会では、関係諸国はその保有利害におおむね比例する形で代表を出すべきだ。ところが条約は、これら河川の国際的な性格を口実に、ドイツの河川系からドイツの管理を奪ってしまった。

差別と通航の自由への介入を適切に禁止するいくつかの条項の後、[62] 条約はエルベ川、オーデル川、ドナウ川、ライン川の管理を国際委員会に任せている。[63] こうした委員会の最終的な権限は、「連合および連盟国が起草し、国際連盟によって承認される一般条約」により定められる。[64] その間、委員会は独自に規約を書いて、どうやら「特に河川系の維持、管理、改修作業実施および財務制度、料金の決定と徴収、航行規制など」、最も広範な権限を享受できるらしい。[65]

ここまでの部分では、この条約にも誉めるべき部分はかなりある。通過交通の自由は、よい国際慣行として決して軽視すべきものではないし、あらゆる場所で確立されるべきだ。この委員会の困った特徴は、その委員の構成にある。あらゆる場合において、投票はドイツが明らかな少数派になるような形で加重される。エルベ委員会では、ドイツは10票中4票を持つ。オーデル委員会では、9票中3票。ライン委員会では19票中4票。ドナウ委員会はまだきちんと成立していないが、間違いなく少数票しか与えられない。これらすべての河川の統治に、フランスとイギリスが代表を出している。そしてエルベ委員会には、なにやらまったく理由がわからないのだが、イタリアとベルギーの代表まで出ている。

このようにドイツの大水路は、すさまじい権限を持つ外国の組織の手に渡った。そしてハンブルク、マクデブルク、ドレスデン、シュテッティン、フランクフルト、ブレスラウ、ウルムの地元や国内事業者は、外国の統制下に置かれることになるだろう。まるでヨーロッパ大陸諸国が、テムズ川保全委員会やロンドン港湾委員会に参加して多数派を占めるようなものだ。

一部のちょっとした条項は、これまでの条約の検討でいまやお馴染みになってきた方向に沿ったものだ。賠償章の第3付属書の下で、ドイツは内陸航行用船舶総トン数の最大20パーセントを譲り渡すとされている。これを超える分については、エルベ川、オーデル川、ニーメン川、ドナウ川ではアメリカの仲裁人が、「関連諸国の必要とする正当なニーズについて適切に考慮し、特に戦争に先立つ5年間の貨物航行に配慮して」決める割合の河川船舶を譲り渡さねばならず、しかも割譲される船舶は最も新しく建造されたものから選ばれるとされている。[66]

同じ方針が、ライン川上のドイツ船舶やタグボート、そしてロッテルダム港にあるドイツ財産についても適用される。[67] ライン川がフランスとドイツの間を流れている部分では、フランスが灌漑と発電についての水利権をすべて持ち、ドイツには一切与えられない。[68] そして、すべての橋はその全長にわたりフランスの資産となる。[69] 最後に、ライン川の東岸の港で、純粋にドイツに属するケール港は、ストラスブール港に7年間併合され、新ライン川委員会が任命するフランス人によって管理されることになる。

このように、条約の経済条項は包括的なもので、現在のドイツを貧窮させ、将来の発展を妨害しそうなものはほぼ何も見逃されていない。そのような状況に置かれたうえで、ドイツは金銭の支払いをせねばならないのだ。その規模と形態については次の章で検討する。

第5章
賠償
Chapter V. Reparation

I 和平交渉に先立つ約束

連合国が賠償を要求できる損害の種類は、ウィルソン大統領による1918年1月8日の14カ条の関連部分によって規定されている。これはその後、連合国政府が条件を付け加えた通達において改訂され、その内容について大統領は公式にドイツ政府に伝えて、1918年11月5日の講和の基盤とした。これらの文は第4章の冒頭で全文引用してある。「ドイツの陸海空からの攻撃により、連合国の文民とその財産に対して与えられたあらゆる損害に対して補償を行う」というものだ。この文章の限定的な性質は、1918年2月11日の大統領議会演説（この演説の条件は敵国との契約の明示的な一部である）の「損害賠償の取り立て」や「懲罰的賠償金の請求」などは行わないという一節でも強化されている。

ときどき、休戦条件の第19段落の前置き[1]にある、「連合国とアメリカ合衆国の将来的な権利主張や要求は影響を受けないままである」、という部分がそれ以前の条件をすべて白紙に戻し、連合国は好き勝手な要求を何でもしてよくなったのだ、と主張されることがある。しかし、当時だれもことさら重視していなかったこのさりげない予防的な一節が、休戦に先立つ日々に講和条件の基盤として大統領とドイツ政府との間で行われた公式なやりとりすべてを破棄し、14カ条を廃止し、ドイツによる休戦条件受諾を財政金融条項に関する限りにおいて無条件降伏に置きかえてしまった、などと主張することはできない。これは単なる条文起草者の決まり文句で、各種権利主張の一覧を並べ立てるにあたり、そうした一覧がすべてを網羅し尽くしたものだという含意を持たせないよう、自衛するためのものでしかない。

いずれにしても、この主張は、条約の第一草案についてのドイツ側の見解に対する同盟国の回答により棄却される。そこでは、賠償章が11月５日の大統領の通達に則らねばならないと認められているのだ。

すると、この通達の条件が拘束力を持つとして、私たちは以下の一節の正確な効力を解明しなければならない――「ドイツの陸海空からの攻撃により、連合国の文民とその財産に対して与えられたあらゆる損害」。

本章の次節で見るが、この一見すると単純で曖昧なところのない一文ほど、詭弁屋たちや弁護士たちにたくさんの仕事を創り出した文章は、歴史上ほとんどない。一部の人は、これが戦争の費用すべてをカバーすると恥ずかしげもなく論じる。というのも、戦費はすべて課税により捻出されるしかなく、そうした課税は「文民に損害を与える」から、とのこと。かれらも、この一節がまわりくどいものであり、「いかなる性質のものかを問わず、あらゆる損失と支出」と言ったほうが単純だったとは認めている。そして、文民の身体および財産に対する損害を明らかに強調しているのは残念だとも認識している。しかし、条文起草の間違いが、勝者に固有の権利を連合軍から排除することがあってはならない、とかれらは述べる。

だが、問題となるのは、この一節の自然な意味合いにおける制限と、軍事支出全般とは完全に切り離された文民の損害を強調していることだけではない。この条件の文脈は、大統領の14カ条における「回復」という用語の意味を明らかにしようとしたものだ、ということは忘れてはならない。14カ条は、侵略された領土――ベルギー、フランス、ルーマニア、セルビア、モンテネグロ（イタリアはなぜか抜けている）――における損害は扱うが、潜水艦による海上での損失、海上からの爆撃（スカーボローで起こった）による損失、空襲による損失はカバーしていない。こうした状況での文民の生命や財産の損失は、占領地におけるものと何ら変わらないものであり、これらの損失を補うためにこそ、パリの連合国最高評議会はウィルソン大統領に対し、かれらとしての条件を提案したのだった。

当時――1918年10月末の日々――責任ある政治家のだれ1人として、一般戦費をドイツから引き出そうなどという意図はなかったはずだ。かれらは、非戦闘員とその財産への損害回復は、侵略された土地に限られず（14カ条を変更なしに適用すればそれに限られる）、「陸海空」のいずれによるものだろうと、**すべて**のそうした損害に等しく適用されるべきだと考えた。戦費すべてをカバーするような賠償要求が一般大衆から出てきたのは、かなり後になってからの話で、このため不誠実な行為が政治的に望ましいものとなり、文言の中から、そこにはないものを発見しようという努力が生じたのだ。

ならば、私たちの約束の厳密な解釈に基づけば、敵国に対してはどれだけの損害賠償を要求できるだろうか?[2]　イギリスの場合、請求書に含まれるのは以下の費目だ。

(a)空襲や海上爆撃、潜水艦戦争、地雷を含む敵国政府の行動による、文民の生命と財産への損害。

(b)抑留文民の不適切な処遇に対する補償。

一般的な戦費や、たとえば貿易の喪失による間接的な損害は含まない。

フランスの主張は、右に対応する費目以外に、以下を含む。

(c)戦闘地域での文民の身体や財産に対する損害、敵軍前線の背後での空戦による損害。

(d)敵国政府や敵国民が占領した地域において奪われた食糧、原材料、家畜、機械、家庭用品、材木などに対する補償。

(e)フランスの地方自治体や国民に対して、敵国政府やその役人により課された料金や徴収物の返済。

(f)国外退去させられたり、強制労働を強いられたりしたフランス国民への補償。

右に加えて、もっと怪しげな性質のものがもう1つある。つまり、

(g)敵国占領地区において、救護委員会がフランス文民人口の維持に必要な食糧や衣服を提供するために要した費用。

ベルギーの要求にも似たような費目が含まれる。[3]　もしベルギーの場合、一般戦費弁済に類似したものがもっと正当化できると主張するなら、それはベルギー侵略における国際法違反を根

拠にするしかない。14カ条はすでに見たように、これを根拠にした特別な要求は何も含んでいない。[4]（g）項に基づくベルギー救護の費用と同国の一般戦費は、すでにイギリス、フランス、アメリカ各国政府からの前渡し金でまかなわれていたので、ベルギーはおそらくドイツからのそうした費用返済をすべて、これら各国政府に自分が負う負債の一部返済として適用するだろうから、こうした要求はすべて、この融資した3カ国の政府の請求に実質的に上乗せされる。

他の連合国の権利主張も類似の線に沿ってまとめられる。しかし、かれらの場合、ドイツ自身ではなく、共同参戦国オーストリア＝ハンガリー、ブルガリア、トルコによる損害について、どこまでドイツに連帯責任を負わせられるか、という問題がもっと鮮烈に浮かび上がる。これは、14カ条が明確な答えを出していない多くの問題の1つだ。

一方で、14カ条は11条でルーマニア、セルビア、モンテネグロに対する損害は明示的に扱っているし、その被害を与えた軍の国籍については何も条件を付けていない。その一方で、連合国の文書は「ドイツとその同盟国」の侵攻と言えばいいところで、「ドイツの侵攻」と述べている。

厳密な文字どおりの解釈だと、たとえば、スエズ運河にトルコ軍が与えた損害や、オーストリア潜水艦がアドリア海で与えた損害などについて、ドイツに賠償請求できるかは怪しいと思う。だがこれは、もし連合国が強引に主張するなら、かれらが結んだ約束の全般的な意図に深刻に反することなく、ドイツに対して連帯責任で賠償責任を負わせられる事例ではあろう。

連合国同士の間だと話はまるで違う。フランスとイギリスだけがドイツの支払える分を懐に入れ、イタリアとセルビアはオーストリア＝ハンガリーの残り物から引き出せる分しかもらえないとなれば、すさまじい不公平であり、裏切り行為だ。連合国の間では明らかに、資産はプールして全体の権利主張に対する比率に基づき分配されるべきだ。

この点について、以下に述べた私の主張、つまり、ドイツの支払能力は、連合国がドイツに対して持つ直接的かつ正当な賠償請求分だけで尽きる、という試算を認めてもらえれば、ドイツが同盟国による損害に連帯責任を負うかという問題は抽象論でしかなくなる。だから、実直かつ名誉ある政治家精神を発揮するなら、この点についてはドイツの言い分を認めてやり、ドイツ自身が引き起こした損害だけをドイツに請求することにしたはずだ。

以上の請求権に基づいて、要求総額はいくらになるだろうか？　科学的または厳密な推計の元となるような数字はまったく存在しないので、私自身の推測をご笑覧いただくことにするが、ただしその前置きとして以下の点は述べておく。

侵略された地域の物質的な損害の量は、当然とはいえ、極度に誇張されている。フランスの荒廃地域を旅してみれば、その光景は目にも想像力に対してもすさまじく、筆舌に尽くしがたい。１９１８年から１９１９年の冬、自然がその光景に恵みの外套を降り注がせる前に、戦争の恐怖と荒廃は爆撃された一大光景として、驚異的な規模で目の前に現れるものとなった。

完膚なきまでの破壊は明らかだった。何キロにもわたり、何一つ残されていない。住める建物はなく、耕せる畑もない。その均質ぶりもまた衝撃だった。荒廃した地域同士はまったく似たようなものだ――瓦礫の山、大量の爆撃孔、もつれた有刺鉄線。[5]こんな農村地帯を回復するために必要な人的労働の量は、計算しがたいほどに思えた。そして現地から戻ってきた旅行者にしてみれば、このように心に焼き付いた破壊を物質的に表現するなら何十億ポンドだろうと不十分に思えた。一部の政府は各種のもっともな理由から、こうした感情をちょっとばかり活用するのを恥じたりはしていない。

国民感情が最も誤っているのは、たぶんベルギーの場合だろう。いずれにしてもベルギーは小国だし、同国の場合、戦火にあった実際の面積は、全体の中でかなり割合的に小さい。１９１４年にドイツが初めて侵攻してきたときには、局所的な被害があった。その後ベルギーの戦線は、フランスの場合のように、国内の広い範囲にわたって一進一退を繰り返したりはしなかった。戦線はほぼ固定され、戦闘も国内の小さな片隅に限られていたし、その地域の大半は、近年は後進的で貧困で経済活動もなく、国内の活発な産業の立地はなかった。小さな浸水地域はちょっと被害を受けたし、退却するドイツ軍が建物、工場、交通に対して意図的な破壊を行ったところもあり、機械、牛など動産を強奪していった場合もある。

しかし、ブリュッセル、アントワープ、さらにオステンドさえ基本的には無傷で、ベルギーの主要な富である土地の大半は、以前と変わらず立派に耕作されている。旅行者が車でベルギーにおける荒廃地域の端から端まで移動したら一瞬で通過できてしまうが、これに対して、フランスの破壊はまるで規模が違っている。

工業的には、ベルギーが受けた強奪は深刻だし、一時的には生産活動が麻痺するほどのものだった。しかし、実際にその機械を買い直す金額を積み上げても、大したものにはならない。ベルギーがこれまで所有したありとあらゆる種類の機械の価値をすべて積み上げたとしても、数千万ポンドといったところだろう。

さらに、冷徹な統計家は、ベルギーの人々が個々人の自衛本能を異様に発達させているという事実を見過ごしてはならない。休戦時点で同国内にあった大量のドイツ紙幣は[6]、ドイツ支配の各種厳しさや野蛮さすべてにもかかわらず、ベルギーのある階級の人々は侵略者を相手に利益を上げる方法を見つけ出したことを示している。私が目にしたベルギーのドイツに対する賠償請求額は、ベルギー全国の戦前総国内資産の推計額よりも多く、単純に無責任としか言い様がない[7]。

ベルギーの財務省が１９１３年に発表した、ベルギー資産の公式調査をここで引用しておくと有益だろう。次表のとおりだ。

この総額は住民１人当たり１５６ポンドに相当するが、この件に関する最高権威のスタンプ博士は一見して低すぎると考えたがっている（とはいえ、かれは最近出た最新のもっと高い数字も受け入れていない）。これに対応する１人当たりの資産は（ベルギーの直近の隣国を見ると）、オランダで１６７ポンド、ドイツは２４４ポンド、フランスは３０３ポンドだ[8]。だが、１人当たり２００ポンドほどに相当する総額15億ポンドと考えても、かなり盛った数字と言えるだろう。土地建

（単位：100万ポンド）

土地	264
建物	235
個人資産	545
現金	17
家具類	120
合計	1,181

物の公式推計は他の部分より正確なはずだ。一方、建設費上昇についての補正は必要である。

こうした検討事項をすべてまとめて、私は実際のベルギーの財産に対する、破壊と強奪による**物理**損失の金銭価値は、**最大**でも1・5億ポンドを上回るとは思わない。そして、今一般に流通している他の推計値とこれほど大幅に乖離したこの低い推計値よりも、もっと低い推計値を出すのはためらわれるが、賠償請求額をこの金額までできえ盛る主張をきちんと裏付けられたら、私は驚く。過料、料金、徴発などは、追加で1億ポンドくらいになるかもしれない。ベルギーに対して同盟国が一般戦費として貸し付けた費用を含めるなら、2・5億ポンドほど追加しなくてはならない（これは救援費用も含む）。これで合計は5億ポンドだ。

フランスでの破壊は、すべてずっと大規模だった。戦線の長さだけでなく、戦闘が時期によってあちこちに移動して、国の極度に奥深くまで戦場となったこともある。ベルギーこそが戦争の主要な被害者だと思うのは、ありがちな妄想だ。死傷者、財産の喪失や将来的な負債負担を考慮すると、ベルギーはアメリカ以外の参戦国で相対的な犠牲が最も小さい国になるはずだ。

連合国のうち、セルビアの苦しみと喪失は比率で言えば最大で、セルビアの次がフランスだろう。フランスはあらゆる基本的な部分で、ベルギーと同じくらいドイツの野心の犠牲者であり、フランスの参戦も同じくらい不可避だった。フランスは、私が判断するに、講和会議での方針はひどかったが（その方針も相当部分はフランスが苦しんだのが原因だ）、賠償金の受け取り額を最も多めに算定されてよいはずだ。

世間の印象の中で、なぜベルギーがこれほど特殊な地位を占めているかと言えば、それはもちろん、１９１４年にはベルギーの犠牲が他の連合国のどこよりも、圧倒的に大きかったからだ。だが１９１４年以降、ベルギーはマイナーな役割しか果たさなかった。結果として１９１８年末になると、ベルギーの相対的な犠牲は、金銭では計り知れない侵略の苦しみを除けば、劣後するようになって、見方次第では、たとえばオーストラリアの犠牲よりも小さいくらいになってしまった。

だからといって、わが国の責任ある政治家たちが、様々な時点での公言により約束してきたベルギーに対する義務を果たさなくていいと言いたいのではない。イギリスは、ベルギーの公正な権利主張が完全に満たされるまで、いかなる支払いもドイツに対して求めるべきではない。しかし、だからといってその金額についての真実を語ってはいけないことにはならない。

フランスの請求金額は圧倒的に多いが、ここでもまた過大な誇張があったと、責任あるフランスの統計家たち自身が指摘している。敵国に実質的に占領されたのはフランス国土の10パーセント以下で、大規模な荒廃が見られた地域のうちに入るのは4パーセント以下だ。人口3万5000人以上のフランス都市60市のうち、破壊されたのは2つだけ——ランス（11万5178人）とサン・カンタン（5万5571人）だ。占拠されたのは他に3都市、リール、ルーベ、ドゥエだ。これらの都市は機械などの財産の強奪にも苦しんだが、それ以外は大規模な損傷は受けていない。アミアン、カレー、ダンケルク、ブローニュは爆撃と空爆で二次的な被害を受けた。しかし、カレーとブローニュの価値は、イギリス軍の利用で作り出された各種の新しい施設によって高まっているはずだ。

『フランス統計年鑑1917年版』は、フランス全土の家屋の価額を23・8億ポンド（595億フラン）としている。[9] だから、フランスから現在出されている、家屋資産だけの破壊額8億ポンド（200億フラン）という数字は、どう見てもかなり過大だ。[10] 戦前価格で1・2億ポンド、あるいは現在の価格で2・5億ポンドくらいのほうが正しい値にずっと近い。フランスの土地（上物除く）価額推計は、24・8億ポンドから31・16億ポンドまでなので、この費目の損害を1億ポンドとするのはあまりに莫大だ。フランス全体の農場資本は、担当のフランス当局の見立てでも4・2億ポンドは超えない。[11] 残るは什器や機械の損失、炭鉱と輸送への損害など各種の小さな費目だ。だが、これらの損失は、いかに深刻なものであっても、フランスの中でごく小さな地域にしか関係しないのだから、何億ポンドにもなるわけがない。

要するに、北部フランスの占領地域や荒廃地域での**物理的および物質的損害**として、5億ポンドを超える請求は正当化しづらいだろう。[12]私のこの推計は、フランスの戦前資産について最も包括的で科学的な推計[13]を出したルネ・プパン氏の見解にも裏付けられている。この資料を見たのは、私が自分の数字を計算した後のことだ。この権威者によると、侵攻地域の物理的な損失は4億ポンドから6億ポンド（100億から150億フラン）[14]で、私の数字はこの両者の中間に収まる。

それでも、議会予算委員会を代表するデュボワ氏は、「戦時課税、海洋での損失、道路、公的記念物の損失」を勘定に入れない「最低限」の金額が、26億ポンド（650億フラン）だと述べている。そして工業再建大臣ルシュール氏は、1919年2月17日に上院で、荒廃地域の再建には30億ポンド（750億フラン）かかると述べている――その地の住民の総資産として、プパン氏が推計した金額の倍以上だ。とはいえ、講和会議でルシュール氏がフランスの賠償請求を推進するのに重要な役割を果たしていた時期には、他の人々と同様、厳密な真実性など、愛国心の要求とは相容れないものだと感じられたのかもしれない。[15]

しかし、ここまで論じてきた数字は、フランスの権利主張の総額ではない。特に占領地域の課税や徴発、ドイツ巡洋艦や潜水艦によるフランスの商船隊損失などが残っている。おそらく、こうした請求すべてをカバーするのに、2億ポンドあれば十分だろう。だが安全を期するために、いささか恣意的ではあるが、すべての費目でフランスの請求額に3億ポンド加え、総額8

億ポンドとしよう。

デュボワ氏とルシュール氏の主張は1919年初春に行われたものだ。6カ月後（1919年9月5日）にフランス議会でクロッツ氏が行った演説は、そうした言い逃れの余地がないものだった。この演説でフランス財務大臣は、資産への損害賠償請求総額（おそらく海洋などでの損失は含むが、恩給や手当などは含まない）が53・6億ポンド（1340億フラン）、つまり私の推計の6倍以上だと述べた。

私の数字が間違っていたとしても、クロッツ氏の数字は決して正当化できない。フランスの大臣たちがフランス国民に対して働いた詐術は、あまりに甚大なもので、いずれ自国の請求額やそれに対するドイツの支払能力について、本当のところが明らかになったら（いずれそうなる）、それに対する反発はクロッツ氏だけに対するものではすまず、かれが代表している政府と社会の秩序にすら影響しかねない。

現在の基準に基づくイギリスの賠償請求は、実質的に海洋での損失——船舶と貨物の損失だけだ。もちろん、空襲による文民財産への損害や海からの爆撃による損害に対する賠償請求もあるが、今検討しているような数字に比べれば、関連する金額はわずかなものだ——500万ポンドですべてまかなえるだろうし、1000万ポンドあれば確実だ。

敵国の行為によるイギリス商船隊の喪失は、漁船を除けば2479隻で、総トン数は775万9090トンになる。[16] この取替原価をどの率で計上すべきかについては、かなり意見が分かれる。1トン当たり30ポンドという数字は、造船の急成長により高すぎることになるかもしれないが、もっと優れた権威[17]による別の数字で置きかえてもかまわない。ともかく、これを使うと賠償総額は2・3億ポンドになる。これに貨物の損失も加算すべきだ。その価値はほとんどが憶測となる。貨物1トン当たり40ポンドという数字は、概算として精一杯のところだろう。つまり、貨物総額は3・1億ポンド、船と合わせて5・4億ポンドだ。

この数字にさらに3000万ポンド加えよう。これは空襲、爆撃、徴発された市民への賠償、あれこれ各種のその他費目分として十分以上のはずだ――これで、イギリスの総賠償請求額は5・7億ポンドとなる。イギリスの請求額がフランスに比べてほとんど下回らず、ベルギーよりは高い金額になるというのはちょっと意外かもしれない。しかし、金銭上の損失で見ても、国の経済力への実損失で見ても、イギリス商船隊への損傷は莫大なものだったのだ。

残るはイタリア、セルビア、ルーマニアの、侵略について行う賠償請求と、これらの国やたとえばギリシャ[18]など、他国が海洋での損失について行う賠償請求だ。ここでの議論のため、こうした賠償は、そうした被害を直接起こしたのがドイツではなく、同盟国だった場合でも、ドイツに請求できるものと想定する。ただし、ロシアについてはそうした賠償責任は負わないものとする。[19]

侵略と海洋でのイタリアの損失は、大したものとは思えない。0・5億から1億ポンドで十分カバーできるはずだ。セルビアの損失は、人命という観点からすると最大の苦しみを受けて

（単位：100万ポンド）

ベルギー	500[23]
フランス	800
イギリス	570
その他連合国	250
合計	2,120

はきたが、[20] **金銭的には**同国の経済発展が低いためにあまり大した金額にはならない。スタンプ博士（前掲）は、イタリアの統計家マロイによる推計を引用しているが、それによればセルビアの国富は4・8億ポンド、すなわち1人当たり105ポンドだ。[21] しかも、そのかなりの部分は土地であり、これは永続的な被害は何も被っていない。[22]

これらの国々の適正な賠償請求について、**全体的な規模感**以上のものを推定するためのデータがきわめて不十分だということから考え、個々に推測するよりは、ひとまとめに推測を行うほうを選んで、これらの国々でまとめて一声2・5億ポンドとしよう。

最終的に得られるのは上の表の数字だ。

読者には繰り返すまでもないが、表の数字にはかなりの憶測があり、特にフランスの数字は批判されうる余地がある。しかし、個別の厳密な数字ではなく**全体的な規模感**は、絶望的なほどは間違ってはいないという自信はある。そしてここから、ドイツに対する賠償請求額は、先で採用されている休戦前の約束の解釈に基づけば、間違いなく16億ポンドは超え、30億ポンドには満たないということになる。

これが、敵国に対して提出できる賠償請求額である。理由は後でもっと詳しく述べるが、私としてはドイツ政府に対して平和交渉の席上で、最終的な清算として合計20億ポンドに合意するよう要求し、個別の費目はそれ以上検討しないことにしたほうが、賢明であり公正な行為だったろうと思う。これは即時の確実な解決をもたらし、ドイツ側としても、多少の猶予を認めてあげれば、支払いが完全に不可能という金額ではない。この金額を、必要性と全般的な公平性の観点から、連合国の間で分けるべきだった。

しかし、この問題はそうした実質に基づいて解決されたわけではなかった。

Ⅱ　会議と条約の条件

休戦当時、連合諸国の責任ある当局が、連合国領土の侵略と潜水艦攻撃から生じた直接の物理的な損害賠償費用を超えるような損害賠償を、少しでも期待していたとは思わない。当時、ドイツが私たちの条件を飲む気があるかどうかは大いに疑問視されていた。その条件は他の側面で見ても、どうしてもかなり厳しいものだったし、当時連合国として期待もしておらず、どのみち確保できそうもない金銭支払いを求めるのは、戦争のさらなる長期化を引き起こしかねず、政治家らしからぬ行動と思われたはずだ。私が見るに、フランスはこの観点を決して完全には受け入れなかった。だがイギリスは、間違いなくこの姿勢だった。そして、この雰囲気の中で休戦前の条件は起草されたのである。

1カ月後に、その雰囲気は完全に変わった。ドイツの状況がいかに絶望的なものかがわかったのだ。この気づきは全員ではないにせよ、一部の者は予想してはいたが、だれもあえて確実な話として認知しようとはしなかった。その気さえあれば、無条件降伏も確保できたのは明らかだった。

しかし、局所的にはもっと重要となる新しい要因がこの状況の中で現れた。イギリス首相は、交戦が終わったら、自分個人の権力を維持するために頼りにしてきた政治的ブロックがやがて解体しかねないと気がついた。そして、兵力撤収、産業の戦時状態から平時状態への転換、財政状況、人々の心の全般的な心理的反応に伴って生じる国内の難問が煮詰まるだけの時間を与えたら、政敵たちに強力な武器をもたらすことにも気がついた。

したがって、かれの権力（これは個人的な権力であり、このため政党や原理とは関係なしに、イギリス政治においては異様なほど行使されていた）を確固たるものとするために最も有益なのは、明らかに、勝利の名声が消え去る前に活発な敵対行為を行うことであり、目先の感情を基礎として、近い将来に必然的にやってくる反動を乗り切れるだけの新しい権力基盤を作り上げることだった。だから、休戦後ほんのわずかな期間で、この人気の高い勝者は、その影響力と権威が最高潮にあるときに総選挙を布告した。

これは当時、政治的に不道徳な行為だと広く認識されていた。新しい時代の課題が多少ははつきりして、国がその課題に意見を表明し、新しい代議士たちに指示を出すまで少し待つべきだった。そして、それを否定するような公的な根拠はまったくなかった。しかし、個人的な野心の追求が、それに反する決断を下したのだった。

しばらくは、すべてがうまく行った。しかし、選挙戦があまり進まないうちに、政府側の候補者たちは有効なスローガンがなくて不利になっていることに気がつき始めた。戦時内閣は、戦争に勝ったからという根拠で、自分たちの権限をもうしばらく延期しろと要求していた。だが、新しい課題がまだはっきりしていないということもあり、また、連立政権の微妙なバランスへの配慮もあって、首相の将来の政策については、沈黙か一般論だけになっていた。

そのため、選挙戦はいささか平板に見えた。その後の出来事から振り返ってみれば、連立政権が少しでも本当に危機にさらされていたとは考えにくい。しかし、党の執行部はすぐに「ざわついて」しまう。首相の顧問の中でも神経質な者たちは、これでは首相は下克上という危険から安全とは言えないと告げ、首相はそれに耳を貸した。党の執行部はもっと「刺激」を求めた。首相は、何かないかと探し回った。

首相の権力復帰が主目的だったという想定に基づけば、その後のなりゆきは自然に決まった。ちょうどそのとき、政府が「フン族どもにお目こぼし」をする気はないことを十分に行動で示していないという、一部からの批難が盛り上がった。ヒューズ氏［訳注：オーストラリア首相ビリー・ヒューズ］[24]は、巨額の賠償金を求めることでかなりの注目を集めており、ノースクリフ卿［訳注：

ロイド・ジョージ首相のイギリスの国内政敵〕も巨額賠償を強力に支持していた。これを見て首相は一石二鳥を思いついた。自分自身がヒューズ氏とノースクリフ卿の政策を採用すれば、こうした強力な批判者を黙らせると同時に、自分の党執行部に対し、他の方面から高まる批判の声をかき消すほどの有効な壇上からのスローガンを提供できるわけだ。

1918年総選挙の進展は、主要なインスピレーションを自分の真の衝動からではなく、一時的に自分を取り巻く雰囲気の下卑た流れから引き出す、人物が持つ本質的な弱さをめぐる、悲しくも劇的な歴史だった。首相の自然な本能は、しばしばそうであるように、正しく正当なものだった。当の首相自身は、カイゼルを絞首刑にすべきだとか、巨額の賠償金の可能性が賢明だとかは信じていなかった。

11月22日に、首相とボナー・ロー氏〔訳注：保守党党首。当時はロイド・ジョージ首相の自由党と連立政権を組み、ボナー・ローは財務大臣〕は選挙マニフェストを発表した。そこでは、カイゼルや賠償金の話は一切触れられず、むしろ武装解除と国際連盟の話をして、「真っ先にやるべき仕事は、公正かつ永続的な平和を締結し、そしてこれ以上の戦争の機会が永遠に回避できるような、新しいヨーロッパの基盤を確立することでなければならない」と結論づけている。議会解散前夜(11月24日)、ウルヴァーハンプトンでの演説でも、補償とか賠償とかいう言葉は出てこない。

その翌日のグラスゴーでも、ボナー・ロー氏は何も約束していない。かれは、次のように述べた。「われわれは連合国の一国として会議に出るのだよ。そして政府の一員が、本人がどう思っていようと、その会議に出席する前の段階でどんな個別の問題に対してであれ、どんな方向性で臨むのかなどということを、公式の場で述べるなどと期待してはいけないよ」。

だが数日後（11月29日）にニューキャッスルで、首相はだんだん方向転換を始めていた。「ドイツがフランスを倒したときには、フランスに支払いをさせた。これはドイツ自身が確立した原理だ。この原理についてはまったく疑問の余地はなく、そしてそれがわれわれの方向性の基盤となる原理だ、というのも疑問の余地はない――つまりドイツは、最大限払える限り戦費を支払うべきなのだ」。

しかし、この原理の主張に、首相は多くの「警告の言葉」をくっつけて、この問題の実務的な困難についても触れている。「われわれはあらゆる見解を代表する強力な専門家の委員会を指名し、この問題をきわめて慎重に検討して答申を出すように指示した。この要求が正義であることには疑問の余地はない。ドイツは支払うべきであり、支払える限り支払うべきだ。だが、われわれの産業を破壊するような形でのドイツの支払いは許さない」。この段階で、首相はきわめて厳しく臨むつもりだと示唆しようとはしたが、一方で、実際にそのお金を得られるという期待はほどほどに抑え、また会議で何か特定の行動の方向性に縛られたりしないようにした。

噂によれば、ここでロンドンの一大権威者が、ドイツは間違いなく200億ポンドは支払うと請け合ったらしい。そして、自分としてはこの数字の2倍であっても決して無理ではないと述べたとか。財務省の担当者たちは、ロイド・ジョージ氏が述べたように、別の見方をしていた。だから首相は、この各種顧問たちの意見の相違を盾に、自国の利益のために最善を尽くすにあたり、ドイツの支払能力の厳密な数字はだれにもわからないと主張できた。14カ条の下での約束については、首相は一貫して何も言わなかった。

11月30日に戦時内閣の一員で、労働党を代表しているはずのバーンズ氏は、壇上でこう叫んだ。「私はカイゼルを絞首刑にするのに賛成だ」。

12月6日、首相は施策方針を発表し、「ヨーロッパの」という言葉を大いに強調してこのように述べた。「あらゆるヨーロッパの連合国は、中央同盟国が支払能力の上限まで戦費を支払わねばならないという原理を受け入れた」。

しかし、いまや投票日までは1週間ほどしかないのに、首相はまだその瞬間の人々が期待する欲求を満たすほどの発言をしていなかった。12月8日、『タイムズ』紙は同業紙の先走った論調に対して、うわべの上品さだけはまとわせつつ、「ドイツに支払わせる」という見出しで、「国民の心はいまだに首相の各種発言をめぐって混乱している」と述べた。

そして、こう付け加えた。「ドイツを軽い処分で許してやろうと謀る各種影響力が疑われてならない。しかし、かれらの支払能力を決定づける唯一の動機は、連合国の利益でなければならないのだ」。そして、同紙の政治記者はこう書いている。「バーンズ氏による『カイゼルを絞首刑に』という一節を採用して、ドイツによる戦費支払いを絶対的に支持し、今日の問題に対応する候補者こそ、聴衆たちを沸き立たせ、かれらの最も共感するツボを圧す存在なのだ」。

12月9日、クイーンズホールでの演説でも、首相はこの話題を避けた。だがその後、思考と発言の野放図さは急激に進行した。最も卑しい光景を提供したのは、ケンブリッジのギルドホールにおけるエリック・ゲデス卿だった。かれは先立つ演説で、ドイツから戦費を全額引き出せないのではという率直な疑問を軽率にも口走り、それが深刻な疑念を引き起こしたために、かれは評判を回復させなければならなかった。「ドイツからは、レモンから搾り取れるすべて、いやそれ以上を引き出してやる」と、この悔悟者は叫んだ。「その種の悲鳴が聞こえるまで搾り取ってやる」。かれの方針は、ドイツ人が中立国や同盟国で所有する財産を1つ残らず奪い、その黄金も銀も宝石も奪い、画廊や図書館の蔵書も奪い、それを売り払って売却益を連合国の利益になるよう使うというものだった。「ドイツを丸裸にしてやる、ドイツがベルギーを丸裸にしたように」とかれは叫んだ。

12月11日には、首相も折れた。首相がその日に有権者に対して発表した6カ条マニフェストは、3週間前のマニフェストと対比すると何とも憂鬱なものだ。全文を引用しよう。

（1）カイゼルの裁判。
（2）残虐行為の責任者たちの処罰。
（3）ドイツから最大限の賠償金獲得。
（4）社会的にも工業的にも、イギリスはイギリス人のために。
（5）戦争で傷ついた者たちの回復。

（6）万人にとって、より幸せな国。

皮肉屋にとってのエサがここにはある。イギリスの有力な統治者たちは、ほんのしばらく前には、堂々と武装解除と国際連盟の話や、新生ヨーロッパの基礎を確立する公正かつ永続的な平和の話をしていたのに、3週間の選挙活動でこの貪欲と感傷、偏見と欺瞞のごった煮に還元されてしまったのだった。

その同じ晩に、ブリストルで首相は実質的にはこれまでのためらいを引っ込めて、自分の賠償方針を律する4つの原理を打ち出した。その主要なものは、まず戦費すべてについて要求する絶対的な権利があること、次にその戦費すべてを要求するつもりだということ、第三に議会任命による委員会は、戦費すべての支払いが可能だと考えていることだった[25]。4日後に、首相は投票を迎えた。

首相は、ドイツが戦費を全額払えると自分が本気で思っているなどとは一言も言っていない。しかし、選挙の演説場にいた支持者の口にかかると、この構想はこれ以上はないほど具体的なものとなった。一般有権者は、ドイツが間違いなく戦費の全額とはいかなくても、相当部分は支払えるのだと信じ込まされた。戦費の支出により、実務的で利己的な将来に対する恐れをかき立てられた人々、感情をその恐怖によってかき乱された人々は、どちらもそれで満足した。連立政権候補への1票は、反キリストの十字架刑と、イギリスの国家債務をドイツが肩代わりするということを意味した。

これは抵抗しがたい組み合わせだし、ここでもジョージ氏の政治的直観は的を外さなかった。どの候補者もこのプログラムを糾弾したら無事ではすまないので、だれも糾弾しなかった。旧来の自由党は、有権者に対して何ら比肩する提案を持たず、一掃されて存在しないも同然となった。[26] 新しい下院が誕生したが、その議員の大半は、首相による慎重な約束よりもはるかに多くの約束をしてしまっていた。かれらがウェストミンスターにやってきて間もなく、私は以前の下院を知っていた保守派の友人に、どう思うか尋ねてみた。「まるで戦争でずいぶんいい目を見たように見える、人相の悪そうな人々ばかりだねえ」とのこと。

首相はこうした雰囲気の中でパリに向かい、首相が自ら作り出したしがらみはこういうものだった。自分とその政府が、寄る辺ない敵国に対してすさまじい要求を行う、と約束してしまったのだ。その要求はわれわれの厳粛な約束と一貫しないものであり、その約束を信じてこそ敵国は武器を置いたのだった。子孫たちが糾弾せずにはいられないエピソードとして、これ以上のものはまずない――国際的な約束の重要性を守るためと称して行われた戦争が、そうした理想の勝者による、考えられる限り最も貴い約束の文句なしの破棄で終わるとは。[27]

このやりとりの他の側面とは別にして、私は、ドイツから戦争の全般費用を確保しようという選挙活動は、わが国の政治家たちがかつて責任を負ってきた中でも、最も深刻な政治的に愚劣な行為だったと思う。ロイド・ジョージ氏でもウィルソン氏でも、かれらの関心対象となる各種問題の中で最も深刻なものは、政治問題でも領土問題でもなく、財政と経済問題だったということを理解し、未来の災厄は国境や独立主権などではなく、食糧、石炭、輸送にあったということをわかってくれていたら、ヨーロッパは何と違った未来を期待できたことだろうか。この2人のいずれも、会議のどの段階でもこうした問題には適切な関心を向けなかった。

だがいずれにしても、こうした問題の賢明かつ理性的な扱いは、イギリス代表団による賠償金についての約束によって、絶望的にぼやけてしまっていた。首相が抱かせてしまった希望は、不公正で機能するはずのない経済的な基盤をドイツとの条約で主張するよう首相自身に強制しただけではない。それは、首相をアメリカ大統領と反目させ、その一方でフランスやベルギーの競合する利害とも反目するよう仕向けた。ドイツから期待できるものが実に少ないことが明らかになると、愛国的な貪欲さと「聖なるエゴティズム」を行使して、フランスのより正当な権利主張と大きなニーズや、まともな根拠のあるベルギーの期待から骨を奪い取ることが必要となった。

だがヨーロッパを悩ませることになる財政問題は、貪欲さでは解決できない。**それらの**問題を解決する可能性は鷹揚さにあるのだ。

ヨーロッパは、その困った問題を乗り切るには、アメリカの鷹揚さを実に大いに必要としているので、まずはヨーロッパ自身が鷹揚なところを見せねばならない。連合国がアメリカに支援をお願いして、ドイツを含むヨーロッパ諸国を立ち直らせたいのなら、ドイツやお互いから資産を剥ぎ取るのに血道をあげているようではダメだ。1918年12月の総選挙が愚鈍な貪欲さではなく、実直な寛大さに基づいて戦われていたのなら、ヨーロッパの財政的な見通しは今頃大幅に改善されていたことだろう。

私はいまだに、本会議の前に、あるいはその進行のきわめて早い時期に、イギリス帝国の代表たちはアメリカの代表とともに、全体としての経済財政状態を深く検討すべきだったと思うし、またイギリスは以下の一般的な路線に沿って、具体的な提案を行う権限を与えられるべきだったと思う。（1）連合国同士の負債はすべて相殺させてゼロにすべき。（2）ドイツが支払うべき金額は20億ポンドで固定する。（3）イギリス帝国はこの金額の中の取り分をすべて放棄し、イギリス帝国が持つべきと示された取り分はすべて会議に委任して、これから設立される新国家の財政支援に使われるべき。（4）即座に利用可能な資金の基盤をなにがしか作るため、ドイツの支払義務となる債務のうちの適切な部分は、条約参加のすべての国が保証するべきである。（5）旧敵諸国もまた、経済復興の観点から、似たような保証を持つほどほどの額の国債発行を許されるべきである。

こうした提案は、アメリカのお情けにすがらねばならないということだ。だが、それはどのみち避けられないことだ。そして、アメリカは金銭的な犠牲がずっと小さかったことを考えると、決して不当な訴えではない。こうした提案なら、実現可能なはずだった。無謀な部分や空想主義的な部分はまったくない。そして、ヨーロッパにとって、ある程度の財政安定と復興の見込みが生じたはずだ。

しかし、こうしたアイデアの深掘りは、第7章に譲らねばならない。そして、パリの話に戻らねばならない。私はロイド・ジョージ氏が抱えていったしがらみを描写した。他の連合国財務相の立場はもっとひどかった。私たちイギリスは、自国の財政的な取り決めについて何ら賠償金をあてにはしなかった。こうした財源から受け取る金額は、おおむねたなぼた収益の性質を持つ。そして、その後の展開にもかかわらず、当時は通常の手法で財政収支を均衡させられるという見込みがあった。

だが、フランスやイタリアはそうはいかなかった。かれらの平時予算は、均衡にほど遠かったし、既存政策を大幅に改訂しない限り、均衡する見通しもなかった。実際、その財政ポジションは当時も今も、ほぼ絶望的なままだ。これらの国々は、国としての破産に邁進していた。この事実を隠すためには、敵国から大金を受け取れるという、期待を長らえさせるしかなかった。それが実は、ドイツに両国の費用を支払わせるのが不可能だということを認めてしまえば、そして敵国に自国の負債を背負わせるのは実現不可能だとなれば、フランスとイタリアの財務相の立場は維持できなくなる。

このように、ドイツの支払能力に関する科学的な検討は、発端から見向きもされなかった。政治の切迫性のために仕方なく吊り上げられた期待は、真実からはあまりにかけ離れていたために、ちょっと数字を歪めるだけではどうしようもなく、事実を丸ごと無視するしかなかった。結果として生じた不正直ぶりは、根本的なものだった。これほどの虚偽が基盤では、実施可能で建設的な財政政策など立てようがない。これを筆頭とする各種理由によって、野放図な財政政策が不可欠となってしまった。

フランスとイタリアの財政ポジションはあまりにひどく、その悩みからの別の逃げ道を同時に指摘してあげない限り、ドイツの賠償問題においてかれらに理性の声に耳を傾けさせるのは不可能なほどだった。[28] 苦しみと混乱の中にあるヨーロッパへの、建設的な提案を何一つ提供できなかったアメリカ代表たちが、この点では大いに責められるべきだと私は思う。

ついでに、この状況でもう1つの要素を指摘しておく価値はあるだろう。それは、クレマンソー氏の「徹底的な制圧」政策と、クロッツ氏の財務的な必要性との間に存在した対立だ。クレマンソーの狙いは、できる限りの方法でドイツを弱体化させ破壊することであり、かれはずっと賠償などどうでもよかったのでは、と私はにらんでいる。

クレマンソーは、ドイツに大規模な商業活動を実施する能力など残してやるつもりはまったくなかった。賠償についても、哀れなクロッツ氏の圧倒的な財政上の困難についても、クレマンソーは理解する手間などかけようとしなかった。財務屋たちが条約に巨額の要求を入れて喜ぶなら、それは大いに結構。しかし、こうした要求を満足させるための配慮が、カルタゴ式平和の基本的な要件と干渉するようではいけない。非現実的な問題に対するクレマンソー氏の「現実的」政策と、クロッツ氏のきわめて現実的な問題に対するポーズだけの政策との組み合わせは、賠償提案にもともと内在していた実行不可能性を上回るほどの矛盾した条項を、条約に大量に持ち込むことになった。

連合国同士でも、筆舌に尽くしがたい果てしない論争と陰謀がめぐらされ、数カ月後にやっとドイツに対して提示する賠償章の最終形ができた。これほどややこしく、これほど悲惨で、これほどあらゆる参加者にとって満足のいかない交渉は、歴史上でもほとんどなかったはずだ。あの論争に大いに関与した人の中で、振り返って恥じ入らずにすむ人は皆無ではないか。私としては、全世界が知るところとなった、最終的な妥協の要素を分析することで満足するしかない。

解決すべき主要な論点はもちろん、公正に見て、ドイツに支払いを求めるべき費目はどれかということだった。ロイド・ジョージ氏の選挙公約、つまり、連合軍はドイツに対し、戦争のあらゆる費用を要求する**権利がある**というものは、当初から明らかに実現不可能だった。あるいは、もっと公平な言い方をすれば、この要求が休戦前の約束に準拠したものだとアメリカ大統領を説得するのは、可能性をどれほど甘く見積もっても不可能だった。最終的に到達された実際の妥協は、以下に挙げるとおりのものとなって、条約の段落として世界に対して公開されたのだ。

231条にはこうある。「連合および連盟政府は、連合および連盟政府とその国民が、ドイツとその同盟国により被った戦争の結果として受けた、あらゆる損失と被害を引き起こしたことについてドイツに責任があると主張し、ドイツはそれを受け入れる」。これは、巧みに、また慎重に書かれた条項だ。大統領にとっては、これが戦争を引き起こした**道義的**責任をドイツが認めたと読めるが、首相はこれが戦費一般についての**財務的**責任を認めたものだと説明できる。

２３２条はこう続く。「連合および連盟政府は、ドイツの資源が、本条約の他の規定から生じる資源の永続的な削減を考慮した後では、そうした損失と被害に対する完全な賠償を行うには不十分であることを認識する」。大統領は、これが疑問の余地なき事実を述べたにすぎず、ドイツが賠償請求権の一部を**支払えない**と認識するというのは、そうした請求権に対する支払**義務を負っている**ということではない、と自分を慰められる。だが首相は、これが文脈としては、その前の条文にあったドイツの理論的な賠償責任を、読者に対して強調するものだと指摘できる。

２３２条はさらに続く。「しかし、連合および連盟政府は、**ドイツが連合および連盟諸国の文民とその財産に対し**、連合国あるいは連盟国としてドイツと交戦していた時期に、**陸海空からの攻撃で与えたあらゆる被害**と、一般に後出の第１付属書の中で定義されたあらゆる損害に対し、**ドイツが補償する**ことを要求し、ドイツはそれを実施する」[29]。強調部分は実質的に休戦前の条件からの引用であり、大統領の良心の呵責を満足させるものであったが、「一般に後出の第１付属書の中で定義されたあらゆる損害」という部分の追加は、首相に第１付属書でチャンスを与えるものとなる。

だが今のところは、以上はすべて語句の問題で、条文起草能力の妙技の問題にすぎず、だれにも実害はない。当時はずいぶん重要に思えたかもしれないが、現在から最後の審判の日の間にそれが重要視されることは決してないだろう。実質的な内容については、第1付属書を見なければならない。

第1付属書の相当部分は、休戦前の条件に厳密に準拠している。少なくとも、それなりに無理なく主張できる範囲を超えた拡大解釈はしていない。第1段落は、戦争行為の直接的な結果としての、身体への損傷に対する文民の賠償請求、あるいは死亡の場合にはその親族の賠償請求を述べる。第2段落は、敵による文民被害者に対する残虐行為、暴力、虐待に対する賠償請求。第3段落は、占領地および侵略地の文民の健康、労働能力、尊厳への敵の損傷行為に対する賠償。第8段落は、敵が文民に行わせた強制労働に対する賠償。第9段落は、攻撃の直接の結果として牛じた財産への被害に対する賠償、ただし「海軍または陸軍の工場や材料に対するものは除く」。第10段落は、文民人口に敵が課した戦時課税や料金に対する補償。こうした要求は公正であり、連合国の権利に準拠したものだ。

第4段落は「戦争捕虜のあらゆる虐待により生じた被害」への賠償を求めたものだが、文字どおりに受け取れば疑問は残るとは言えるものの、ハーグ条約の下では正当化できるし、金額もきわめて小さい。

しかし、第5、6、7段落では、はるかに重要な問題が関わってくる。これらの段落は、戦時中に連合国政府が動員された兵員たちと家族との別離に対して支払った別離手当やそれに相当する手当、さらには連合政府が死傷者に対して現在および、今後支払うことになる恩給や補償に対する賠償を求めるとしている。財政的には、これは請求書にきわめて大きな金額を追加する。他の請求額を合わせたものの2倍ほどの金額だ。

こうした損害費目を含めるべきだという主張は、それが単に感傷的な根拠によるものとはいえ、十分にもっともらしい形で行えるということに読者諸賢はすぐ気がつくはずだ。まず一般的な公平性の観点からして、敵国に家を破壊された女性が敵国に賠償請求できるのに、戦場で夫を殺された女性が賠償請求できないというのはひどい話だ。あるいは、畑を失った農民は賠償請求できるのに、夫の所得獲得能力を奪われた女性は請求できないのはひどい、という話である。

実のところ、恩給や別離手当を含めるという主張は、休戦前の条件で設定された基準のいささか**恣意的**な性質の活用におおむね依存している。戦争が引き起こした損失のうち、一部は個人に重くのしかかり、一部は社会全体にもっと均質に分散されている。しかし、政府が認めた賠償手法だと、前者の多くが実は後者に変換されてしまう。限定的な請求の基準として最も論理的なのは、戦費すべてを請求するのでなければ、国際条約や戦争の認知された慣行に反した敵行為に関するものであることだろう。だが、これまた適用がとても難しいし、ベルギー（同国の中立性をドイツは保証していた）やイギリス（潜水艦による違法行為に主に苦しんだ国）に比べて、フランスにとって不当に不利になってしまう。

いずれにしても、右に述べた感傷や公平性に訴える主張は空虚なものだ。というのも、別離手当や恩給の受け取り人にしてみれば、それを支払う自国が、この費目について補償を受け取ろうが、他の費目について補償を受け取ろうが、何の違いもないし、賠償金受け取り分から国がそれを回収しようと、一般納税者にとっては一般戦費への支出が回収された場合と同じくらい、負担の軽減になるだけだからだ。

しかし、主な論点としては、今では休戦前の条件が完全に正当かつ論理的だったかを検討するにはもう手遅れだし、それを今から変えるわけにもいかないということだ。目先の唯一の問題は、こうした条件が第1付属書の第1、2、3、8、9、10段落に書かれているように、文民とその財産への直接的な各種損害に実は限られていないかどうか、という点だけだ。言葉に少しでも意味があるなら、約束に少しでも効力があるなら、各種一般戦費について請求できないのと同様、恩給や別離手当などから生じた、国の戦争支出について請求権を主張する権利はないはずだ。そして、私たちが敵国に対して、自国の戦争支出を請求できると詳細に主張する覚悟がある者などだれがいるだろう?

実際に起きたのは、戦争の全費用を請求するという、首相によるイギリス有権者への公約と、連合国が休戦時にドイツに与えた正反対の約束との妥協だった。首相は、戦費全額は確保できなかったが、それに近い大きな受け取り権を得たと主張できたし、自分は前からドイツの支払能力という制約条件で自分の公約に制限を付けてきたのであり、今回出した請求書は、もっと冷静な当局が推計したドイツの支払能力を使い果たしすぎているほどだと言える。

一方の大統領は、信頼をあまり露骨に毀損しない仕組みを確保し、社会的な公開論争となった場合には、感傷と情熱への訴えが必ず自分に不利に働くような問題について、政敵たちと口論せずにすんだのである。首相の選挙公約から見て、アメリカ大統領としては、イギリスの首相にそれを丸ごとあきらめさせようとすれば、公開の場で争うことになっただろう。そして、恩給の訴えは、あらゆる国で世間的に圧倒的な人気を得ただろう。ここでも首相は、自分が大統領よりも一枚上手の政治戦術家であることを示したのだった。

さらにとても難しい論点が、条約の行間を読むとすぐに見えてくる。ドイツの損害賠償額を示す具体的な数字が決められていないのだ。この特徴はきわめて広い批判の対象となってきた──ドイツがいくら払うべきか、連合諸国がいくら受け取るべきかについて、当のドイツや連合諸国がわかっていないのは、どちらにとっても不便ではないか、というわけだ。何カ月もかけて、土地、農場、ニワトリといった何十万件もの個別費目を積み上げて、最終的な数字に到達しようという手口が条約では想定されているようだが、これは明らかに実施不可能だ。だから、まともなやり方は、両者がきりのいい数字で合意して細かい内訳は見ない、というものだろう。このきりのいい数字が条約内で明示されていたら、解決はもっとビジネスライクな基盤に基づいたものとなったはずだ。

しかし、これは2つの理由から不可能だった。2種類のウソが広範に広められていたのだ。1つはドイツの支払能力に関するもの、もう1つは荒廃地域についての連合軍の公正な請求可能額についてのものである。これらの金額のどちらも、確定させるとジレンマが生じる。ドイツの予想支払可能額は、ほとんどの有能で詳しい当局の推計をあまり超えるものではないだろうが、これはイギリスでもフランスでも、世間が期待している金額に比べて絶望的に足りない。

その一方で、生じた損害についての絶対的な数字であり、フランスとベルギーで高まる期待を悲惨なほど失望させないような数字は、糾弾の下で裏付けを出せないかもしれなかった[30]。そして、自分自身の間違った行いの程度について、かなりの証拠を集めるだけの実直さを持っているとされるドイツからの批判で、大いに痛手を被りかねなかっただろう。

政治家たちにとって圧倒的に安全なやり方は、何も数字を出さないことだ。そして、基本的にこの必要性のせいで、賠償章のややこしさの大半が生じている。

しかし、読者は、賠償章の第1付属書に基づけば、実際に認められる請求額についての私の推計に興味があるだろう。本章の第1節で、すでに恩給と別離手当以外の請求額は30億ポンドと推定した（これは私の推計額の極端な上限だ）。第1付属書の恩給と別離手当請求額は、関連政府のこうした手当の**実際の**費用ではなく、条約発効時点でのフランスにおける支給基準をもとにした計算値だ。この手法では、アメリカ人やイギリス人の命をフランス人やイタリア人よりも高い価値に設定するという、不快なやり方が避けられている。フランスの恩給や手当の支給基準は中間的な水準で、アメリカやイギリスほどではないが、イタリアやベルギー、セルビアよりは高い。計算に必要な唯一のデータは、実際のフランスの支給額と、動員された兵員数および

（単位：100万ポンド）

イギリス帝国	1,400
フランス	2,400[31]
イタリア	500
その他（アメリカ含む）	700
合計	5,000

各種連合国軍における各階級階層での死傷者数だけだ。

こうした数字はどれも詳細は不明だが、全般的な手当水準、関連人数、生じた戦傷について、**あまり大きくは**外していないと思われる推計を出せる程度の情報はある。恩給や手当として加算すべき金額は私の推計では表のとおりだ。

請求各国の取り分は怪しいところもあるが、この総額のおおまかな精度にはずっと自信がある。[32] 結局のところ、恩給や別離手当を加えると総請求額が大幅に増え、実際、2倍近くが加算されることがわかるはずだ。これを他の費目についての推計値に足すと、ドイツに対する請求総額は80億ポンドになる。[33] この数字ですらあまりに高すぎると思うし、実際の結果はこれより低いはずだ。[34] 本章の次節で、この数字とドイツの支払能力との関係を検討しよう。ここでは読者に対し、条約の中ですぐにわかる自明の特徴について指摘するだけで十分だ。

（1）賠償請求の総額（それが結局いくらになるにしても）のうち、1921年5月1日までに10億ポンドが支払われねばならない。これがどこまで実現可能かは後で論じる。ただし、条約そのものがいくつかの減免措置を含んでいる。まず、この金額は休戦以来の占領軍の経費を含む（これは2億ポンド規模の大金で、別の条約条項——249条——でドイツ負担とされている)[35]。しかし、さらに「主要な連合および連盟諸国政府が、ドイツが賠償義務を果たすにあたり不可欠だと判断した食糧や原材料の供給については、上記政府の承認の下、上記金額の中から支払うものとする」[36]。

これはきわめて重要な条件付けだ。この条項は、この文言だと、連合諸国の財務大臣たちに、早期の時点で有権者たちに対して巨額の支払いを受ける希望を抱かせることができるが、同時に賠償委員会に対しても経済的生存維持のために必要なものをドイツに返すだけの裁量の余地を与えるものだ（そして、事実の圧力によって、かれらはその裁量の行使を強制させられるだろう)。この裁量権は10億ポンドの即時支払要求を本来よりも害の少ないものにしているが、それでもまったく無害にはならない。

まず、本章次節の私の結論から見て、もし相当部分が実際にはドイツの輸入品支払いのために返却されたとしても、この金額を指定された期間内には調達できないはずだ。第二に、賠償委員会がこの裁量権を効率よく活用するには、ドイツの外国貿易をすべて掌握しなければならず、これはどんなものであれ、そんな委員会の能力をはるかに超えるものだ。もし、賠償委員会がこの10億ポンドという金額の徴収を多少なりとも本気で実施し、その一部をドイツに返すことを承認する作業をやったら、中央ヨーロッパの貿易は最も効率の悪い官僚的規制により絞め殺されてしまうだろう。

（２）現金や現物による10億ポンドの早期支払いに加え、ドイツはさらに無記名債券20億ポンド分、あるいは１９２１年５月１日以前に、現金や現物で支払うべき賠償金額の10億ポンドの支払いが、許容された控除により10億ポンド以下になった場合には、１９２１年５月１日までの現金や現物、無記名債券による支払総額を30億ポンドにするに足るだけの額面金額を持つ無記名債券を提供すること。[37] この無記名債券は１９２１年から１９２５年にかけて年利２・５パーセントとなり、その後は金利５パーセントおよび元金返済分１パーセントとする。したがって、ドイツが１９２１年までに賠償に向けて目に見える剰余を提供できないとすると、ドイツは１９２１年から１９２５年まで年額７５００万ポンド、その後は年額１・８億ポンド支払うことになる。[38]

（３）賠償委員会が、ドイツにこれ以上の支払能力があると判断した時点で、年利５パーセントの無記名債券20億ポンドが発行される。元本償還率は後に委員会が決定する。これで年間支払額は２・８億ポンドになる。これには、その20億ポンド分の資本償還額は一切含まれない。

（４）しかし、ドイツの支払うべき金額は50億ポンドにとどまらない。賠償委員会は、さらに無記名債券の発行を求め、第１付属書で定めた敵国の支払義務の総額が満たされるまでこれを続ける。賠償金額総額80億ポンドという推定に基づくと（これは高すぎると批判されるよりも、少なすぎると批判される可能性のほうが高い）、この残った金額は30億ポンドになる。金利５パーセントを想定すると、年次支払額は４・３億ポンドになる。これは、元本償還を一切含まない。

（5）しかし、これですら全部ではない。壊滅的な重要性を持つ条項がさらにある。30億ポンドを超える支払いのための債券は、ドイツがその利払いを行えると委員会が確信するまでは、発行されないことになっている。だが、そうだからといって、その間の金利分が免除されるわけではない。1921年5月1日以降、利息は現金、現物、上記の債券発行による支払いでカバーされていない債務残高にさらに加算されることになっている。[39] そして、「利率は5パーセントとするが、委員会が将来のどこかの時点で、この利率の変更を状況が正当化すると判断した場合には、その限りではない」。これはつまり、債務の資本総額はずっと複利計算で膨れ上がり続けるということだ。

この条項が負担額の増加に与える影響は、ドイツが当初はあまり巨額の支払いはできないという想定から見て、すさまじいものとなる。5パーセントの複利計算で、資本総額は15年で倍増する。ドイツが1936年まで年額1・5億ポンドしか支払えないと想定すれば（これは30億ポンドに対する5パーセントの金利に相当する）、金利が積み増しされる50億ポンド分は100億ポンドにまで増え、年間利払いは5億ポンドとなる。つまり、ドイツが1936年まで毎年1・5億ポンド支払ったとしても、その時点でドイツは現在連合軍に対して負っている負債の5割増し以上を背負っていることになる（現在の80億ポンドが130億ポンドに）。1936年以降は、ドイツは利払いだけで年額6・5億ポンドとなる。この金額より支払額が少なければ、その年末には年初よりも負債が増えることになる。そして、元本を1936年から30年で償還するつもりなら、つまりは休戦から48年で完済するつもりなら、追加で年額1・3億ポンド支払わねばならない。これで、年間の総支払額は7・8億ポンドとなる。[40]

理由はこれから説明するが、私の判断ではドイツがこれに少しでも近い金額すらまったく支払えないというのは、どう見ても確実に思える。そのため、条約が改訂されない限り、ドイツは実質的には余剰生産分を今後永遠に、すべて連合国に譲渡することに同意したに等しい。

（6）賠償委員会が金利を変えたり、元本債務返済を先送りしたり、免除したりさえできたりする裁量権を与えられているからといって、事態が改善するわけではない。まず、こうした権限の行使は、委員会またはそこに代表を出している政府が、全員一致で賛成した場合に限られる。[41]だがさらに、もっと重要かもしれない点だが、賠償委員会の**責務**は、条約が示している政策について**全員一致**の根本的な改変がない限り、ドイツから毎年毎年、引き出せる最大限の金額を引き出すことなのだ。

巨額とはいえドイツの支払能力の範囲内であり、ドイツが少しは手元に残せるような決まった金額を設定するのと、支払能力をはるかに超える金額を設定し、それがその年の状況次第で引き出せる最大限の金額を引き出すという目的を持って行動しているような外国人による委員会の裁量に基づいて、その額が減らされるというのとでは、話がまったく違う。前者なら、事業や活力、希望のインセンティブが少しはドイツに残る。後者は毎年毎年、未来永劫にわたってドイツの生皮を剥ぎ続けるものである。この手術をいかに巧妙かつ慎重に実施し、その途中で患者を殺さないよう最大限の注意が払われたとしても、これが本当に計画され、意図的に実施されたとしたら、文明史の中でも、残虐なる勝者が行う最も極悪なる非道な行為として、人類の判決を受けるような政策となるだろう。

条約が賠償委員会に与える機能や権限で、重要なものは他にもある。だがこれらは別の節で扱うほうが好都合だ。

Ⅲ ドイツの支払能力

ドイツが、支払いを約束した金額を捻出する方法は3つある。（1）黄金、船舶、外国証券の形で即座に移転できる富、（2）割譲した領土や、休戦下で明け渡した領土にある財産の価値、（3）長年にわたる分割払いにした年次の支払い。一部は現金で、一部は石炭製品やカリウム、染料などの現物で支払う。

敵国により占領された地域から奪われた財産、たとえばロシアの黄金、ベルギーやフランスの証券、牛、機械、美術品などの実際に返還されたものは、右から除外してある。奪われた実際の財が同定できて復元できるのであれば、それらは明らかに正当な所有者に返還されねばならないし、一般的な賠償プールに投げ込んではいけない。これは条約の238条で明確に定められている。

１　即座に移転できる富

（a）黄金――

ロシアに返還すべき黄金を除くと、ドイツ帝国銀行の１９１８年11月30日付の決算報告によれば、ドイツの公式黄金保有高は１億１５４１万７９００ポンドとなる。これは、戦前のドイツ帝国銀行決算書での記載よりもずっと多量だ。[42] これは、戦争中にドイツが実施した活発なキャンペーンにより、ドイツ帝国銀行に対して金貨だけでなく、ありとあらゆる黄金の装飾物を拠出させた結果である。民間で貯め込まれた分は間違いなくまだ見つかるだろうが、すでにかなりの蓄えを見つける努力がなされてきたので、今後ドイツ政府や連合軍が残りの黄金を頑張って探してみても、たぶん見つからないだろう。だからこの決算書は、おそらくドイツ政府が国民から取り立てられる、最大の量を示すものと思っていいはずだ。

黄金に加え、ドイツ帝国銀行には銀が１００万ポンドほどある。しかし、それ以外にかなり大量に流通している分があるはずだ。というのも、１９１７年12月31日の保有高は９１０万ポンドで、各種通貨の国内での取り付け騒ぎが起こり始めた１９１８年10月後半でも、６００万ポンドを保っていたからだ。[43] したがって、休戦日の段階で、金銀の総額が（ざっと）１・25億ポンドだったと見積もろう。

しかし、こうした保有高は、もはや手つかずではない。休戦から平和条約までの長い期間中、連合軍はドイツに対して外国から物資供給支援を行う必要が出てきた。当時のドイツの政治状況と、スパルタ主義の深刻な害悪のために、ドイツ国内に条約を結べるような安定した政府が存続して欲しいのであれば、当の連合諸国自身が自分たちの利益のために、こうした支援を余儀なくされたのだった。

このような供給をどのようにまかなうかという問題は、極度に難しいものとなった。トレーヴ、スパ、ブリュッセル、その後シャトー・ヴィレット、ヴェルサイユで、連合国とドイツの代表との一連の会議が開催され、将来の賠償支払いへの悪影響が最小限となる支払方法をなんとか見つけようとした。ドイツ代表は当初から、自国の財政的な枯渇は現時点であまりに完全すぎるため、唯一考えられる急場しのぎは、連合軍からの一時的な融資だけだと主張した。連合国としては、ドイツに対して桁違いの大金を即座に支払え、という要求を準備しているところだったため、こんな要請はまったく認めるわけにはいかなかった。だがこれとは別に、ドイツの黄金が手つかずで、残った外国証券がまだ売却されていない段階では、ドイツの主張は厳密に正しいものとして受け入れるわけにはいかなかった。

いずれにしても、1919年春に連合国やアメリカの世論が、ドイツに対する巨額の融資を許したと考えるなど、問題外の話だった。一方で連合軍は、当然ながら、物資提供のために、賠償の資金源として数少ない明らかで確実なものである黄金を使い果たすのは気が進まなかった。

あらゆる可能な代替案を検討するために多くの時間が費やされたが、最終的には、ドイツの輸出や売却可能な外国証券がかなりの金額分だけ存在していたとしても、それを間に合うように売却するのは困難で、ドイツの財政的な枯渇はあまりに完全であり、ドイツ帝国銀行にある黄金以外は、まとまった金額を即座に提供できるものがないということが明らかとなった。結果として、1919年前半の食糧に対する支払いに際しては、ドイツ帝国銀行の黄金のうち0・5億ポンド超がドイツから連合国に移転された（主にアメリカだが、イギリスもまたかなりの金額を受け取った）。

しかし、これだけではなかった。ドイツは休戦の第一次延長の下で、連合国の許可なく黄金を輸出しないと合意したが、その約束は必ずしも守られなかった。近隣の中立国に対するドイツ帝国銀行の借金が積もっており、これは黄金以外では返済できなかった。ドイツ帝国銀行がデフォルトすれば、為替レートの下落はドイツの信用にとってあまりに致命的となり、将来的な賠償の見通しにも影響する。だから場合によっては、黄金を輸出する許可が連合国の最高経済評議会からドイツ帝国銀行に与えられたのだった。

こうした各種手立ての最終的な結果として、ドイツ帝国銀行の黄金準備高は半分以上も減り、1・15億ポンドが1919年9月には0・55億ポンドになってしまった。

条約に基づけば、この0・55億ポンドの金額すべてを賠償のために召し上げることも可能で

はある。だがこれは、ドイツ帝国銀行の紙幣発行残高の４パーセント以下にしかならず、それを完全に押収した場合の心理的な影響は（外国が保有するマルク紙幣がきわめて大量であることもあり）、マルクの為替価値をほとんど完全に破壊してしまうものとなる。

特別な目的で５００万ポンド分、１０００万ポンド分、あるいは２０００万ポンド分を取るのはありかもしれない。だが賠償委員会は、将来的な支払確保の見通しに対する反応を気にするので、ドイツの通貨システムを丸ごと破壊するのは不適切だと判断すると思っていいはずだ。特に、フランスとベルギー政府は、かつて占領されていた、または併合されていた領土で流通していた大量のマルク紙幣を保有していることもあり、賠償の見通しとはまったく離れて、ある程度のマルクの為替価値を維持することに大いに関心があるのだ。

したがって、１９２１年が期限となっている10億ポンドの最初の支払いに対し、黄金や銀の形での支払いは、特筆するほどの金額は出てこないことになる。

（b）船舶――

これまで見たとおり、ドイツは連合国に対して、実質的に商船隊をすべて引き渡すことに同意した。実はその相当部分は平和条約締結以前に、港湾で差し押さえられ、あるいは食糧供給との関連でブリュッセル合意の下、船舶の暫定的移転により、連合軍の手に落ちていた[44]。条約の下で引き渡されるドイツ船舶の総トン数を４００万トンとして、平均価額を１トン当たり30ポンドとすると、関連する総金額は１・２億ポンドとなる[45]。

（c）外国証券――

１９１６年９月にドイツ政府が実施した外国証券保有調査[46]（この正確な結果は公表されていない）以前は、こうした投資に関する公式の報告書はまったくなかったので、各種の非公式推計は不十分なデータに基づくものだと自ら認めている。たとえば、ドイツ証券取引所に対する外国証券保有の届け出、印紙税の収入、領事報告などだ。戦前に通用していた主要なドイツの推計は、付録の脚注に示した。[47]ドイツの権威者の間で、純外国投資が12・5億ポンド以上だという全般的なコンセンサスがあったことがわかる。この数字を計算の根拠とするが、個人的にはこれが多すぎると思っている。10億ポンドのほうがたぶん数字として安全だろう。

この総計からの控除分は、以下の４項目に分けられる。

（ｉ）連合国とアメリカへの投資は、この両者で世界の相当部分を占めるが、公的信託人、敵国財産信託人などの係官に預託されており、各種民間債務に対して余剰となっていない限り、賠償には使えない。第４章で概説した敵国の債務の取扱方針の下で、そうした資産に対して最優先請求権を持っているのは、連合国の民間がドイツ国民に対して持つ請求権となる。アメリカ以外では、それ以外の目的のために使える目に見える余剰があるとは考えにくい。

（ii）戦前におけるドイツの最も重要な外国投資は、イギリスの投資先とは違い、ロシア、オーストリア＝ハンガリー、トルコ、ルーマニア、ブルガリアで行われていた。これらの相当部分はもはや、少なくとも今のところはほとんど無価値となった。特にロシアとオーストリア＝ハンガリーのものはそうだ。現在の市場価値を目安とするなら、こうした投資のどれ1つとして、現在はスズメの涙ほどの金額以上では売れない。連合国がこうした証券について、名目市場評価額よりずっと高い価格で買い取り、将来の値上がりを待って塩漬けにしておかない限り、こうした国々への投資という形で、即座の支払いに使える資金源として大したものはない。

（iii）ドイツは、戦時中、イギリスほどは外国投資からの収益を回収するような立場にはいなかったものの、一部の国ではできる範囲で回収を行っている。アメリカ参戦前に、アメリカ証券の優良投資の相当部分を売り払ったとされている。ただし、その売却高についての最近の推計（0・6億ポンドという数字が挙がっている）は、おそらく誇張されているだろう。だが戦時中、特にその後期になると、為替レートは弱まり、近隣中立諸国へのドイツの信頼がかなり低下してくると、ドイツはオランダ、スイス、スカンジナビアが買ってくれたり、担保として受け取ってくれたりする証券を処分していた。1919年6月までに、これらの国々におけるドイツの投資は無視できる数字にまで減り、むしろこれらの国々での借金のほうがはるかに多くなっていたのはかなり確実だ。ドイツはまた、アルゼンチン債券など買い手のついた外国証券も売却している。

（iv）休戦以来、民間の手に残っていた外国証券が大量に外国流出したのは間違いない。これを防止するのはきわめて難しい。ドイツの外国投資は基本的には無記名証券の形を採り、登録はされていない。ドイツの広大な国境線に沿っていくらでも外国に密輸できる。そして、平和条約締結前の数カ月にわたり、もし連合国政府がそれらを手に入れる何らかの方法を見つけたら、所有者たちは、そうした証券を手元に残すことは認められないだろうというのは確実だった。こうした要因が組み合わさって、人間の創意工夫が刺激され、連合国とドイツ政府の双方が証券流出をうまく止めようと努力したが、おおむね無駄に終わったと考えられている。

こうした考慮事項をいろいろ見ると、賠償のためにまとまった金額が残っていたら奇跡だろう。連合国とアメリカ、ドイツとその同盟国、ドイツに隣接する各種中立国を合わせると、これで文明世界のほとんどすべてとなる。そしてこれまで見たように、これらの地域への投資からは賠償用に使えるものがほとんど期待できない。実際、投資先として重要な国は、南米諸国以外はまったく残っていない。

こうした控除分の規模を数字に変換するには、かなりの当てずっぽうが伴う。手に入る数字や他の関連データに照らして問題を検討してから、私の精一杯の推計値を読者に提供しよう。

(i)の項における控除は3億ポンドと見た。そのうち1億ポンドは、最終的には民間債務などを完済した後で賠償に使えるかもしれない。

(ii)について言えば、オーストリア財務省が１９１２年12月31日に行った調査によれば、ドイツ人が保有するオーストリア＝ハンガリー証券の名目価値は1億９７３０万ポンドだった。ドイツのロシアに対する政府債以外の戦前投資は、０・95億ポンドとされる。これは予想よりかなり低い。そして、１９０６年にザルトリウス・フォン＝ヴァルタースハウゼンは、ロシア政府債へのドイツの投資を1・5億ポンドと推定している。すると合計は2・45億ポンドで、これは1911年にイシュチャニアン博士が意図的に低めの推計値として出した、2億ポンドという数字とある程度整合している。

ルーマニアが参戦時に公開した推計値では、ルーマニアにおけるドイツの投資額は400万ポンドから440万ポンドで、そのうち280万ポンドから320万ポンドが政府債への投資だ。トルコにおけるフランス権益擁護協会の推計が『Temps』（1919年9月8日）に出ていたが、ドイツによるトルコへの資本投資は590万ポンドだ。このうち、外国債券保有評議会の最新報告によると、3250万ポンドはトルコの対外債務としてドイツ国民が保有していた。ドイツによるブルガリアへの投資については、推計値が手元にまったくない。これらの国々全体については、あえて思い切って、5億ポンドを控除しよう。

（iii）の項における証券の再販や担保利用は、1億ポンドから1・5億ポンドと見る。これはドイツが保有するスカンジナビア、オランダ、スイスの証券ほぼすべて、南アメリカ証券の一部、アメリカ参戦以前に売却された北アメリカ証券の相当部分で構成される。

（iv）の項における控除額として適切なものと言えば、当然ながら既存の数字は何もない。過去数カ月にわたりヨーロッパの新聞雑誌は、使われたあれこれの手口に関する扇情的な記事だらけだ。しかし、すでにドイツを離れた証券の価額や、ドイツ国内に安全に隠されて、最も詮索的で強力な手法を使っても見つからない証券の価額を1億ポンドと見積もっておけば、たぶん過大ではなかろう。

こうした各種の費目を合計すると、控除額はきりのいい数字で10億ポンドとなり、まだ理論上は賠償に使える資産が2・5億ポンド残っていることになる。[48]

一部の読者から見ると、この数字は小さいと思えるかもしれないが、これが公共目的のためにドイツ政府が手を出せる、**売却可能な**証券の残った部分を示そうとしているのだということはお忘れなく。私自身の意見では、この数字はあまりに高すぎるし、この問題を別のやり方で検討すると、もっと低い数字が出てくる。というのも、差し押さえられた連合国証券やオーストリア、ロシアへの投資などを計算から除くと、2・5億ポンドにもなるような証券を、ドイツがどの国のどの産業に持っているはずがあるというのだろうか？　私には答えられない。

押収されていない中国政府債はある。日本国債も少しあるだろうか。さらには、一級の南アメリカ資産もかなりの価値がある。しかし、一級レベルの事業の中で、まだドイツの手中にあるものはほとんどなく、**それらの**価値ですら1000万～2000万ポンドの規模であり、5000万とか数億ポンドとかにはとても及ばない。私の判断では、ドイツの海外投資のうち押収されていない部分について1億ポンド支払うようなシンジケートに参加する人がいるなら、向こう見ずだ。賠償委員会がこんな低い金額でさえ実現するためには、かれらはおそらく数年にわたり、接収した資産を塩漬けにして、当分は処分を見送るしかないだろう。

したがって、ドイツの外国証券からの最大の寄与分としてわれわれが有しているのは、1億

〜2・5億ポンドという数字である。

すると、ドイツの即座に移転可能な富の内訳は以下のとおり。

（1）金と銀：ざっと0・6億ポンド。

（2）船舶：1・2億ポンド。

（3）外国証券：1億〜2・5億ポンド。

実は金と銀については、その相当部分を取り出したら、ドイツの通貨システムには破壊的な結果が生じ、連合国自身の利益も傷ついてしまう。したがって、こうした財源からの寄与分を合わせると、1921年5月までに賠償委員会が確保できそうな金額は、2・5億から**最大**3・5億ポンドとなる。[49]

2　割譲された領土や休戦下で明け渡した領土にある財産

条約の規定によれば、ドイツは割譲した領土にある財産については、賠償にあてるための重要な債権を受け取れない。

ほとんどの割譲領土にある**民間**財産は、連合国民に対する民間ドイツ負債の返済にあてられており、それを超える部分だけが、もしあれば、賠償にあてられる。ポーランドや他の新興国にあるそうした財産の価値は、所有者に直接支払われる。

アルザス＝ロレーヌ、ベルギーに割譲された領土、委任統治下に移管されたドイツの旧植民地にある**政府**財産は、ドイツに対して何の対価も支払われずに押収されることになっている。建物、森林など旧ポーランド王国に属していた他の国有財産も、無償で明け渡すことになっている。したがって、残るのは、上記以外でポーランドに明け渡した政府財産、デンマークに明け渡したシュレスヴィッヒにある政府財産、[50] ザール炭田の価額、港湾水路鉄道章の規定で明け渡される一部河川船舶などの価額、賠償章の第７付属書の下で移転されたドイツ海底ケーブルの価額だ。

　条約が何と言おうと、賠償委員会はポーランドからは一銭の現金支払いも確保できない。私は、ザールの炭田が、下は１５００万ポンドから上は２０００万ポンドまでの評価になったと思う。民間財産から得られる剰余をすべて除いて、上記のすべての費目について３０００万ポンドというきりのいい数字が、おそらくはちょっと甘い推計値となる。

　それから、休戦下で引き渡した材料の価額が残っている。２５０条は次のように述べている。休戦下で引き渡した車両と他の具体的ないくつかの品目、さらには「非軍事的な価値を持つ」として、賠償引き当て額を与えられるべきだと賠償委員会が考えるあらゆる材料一般については、賠償委員会が賠償引き当て額を評価する、と。とても価値の高い費目は、車両（貨車15万両と機関車５０００両）だけだ。休戦に伴う引き渡し品すべてについて、きりのいいところで５０００万ポンドが、これまた甘めの推計となるだろう。

　つまり、この項目の下では８０００万ポンドほどの金額が追加され、これまでの項目で得た

2億５０００万から3億５０００万ポンドという金額がその分増える。ただし、今回の数字は、連合国の財政状況を改善するのに使える現金ではなく、連合国同士、または連合国とドイツとの間での、帳簿上の数字の操作でしかないという点が異なっている。

しかし、これで得られた総額3億３０００万から4億３０００万ポンドという数字は、全額を賠償には使えない。条約の２５１条に基づいて**最初に**請求されるのは、休戦中と平和条約締結後の占領軍の費用だ。１９２１年5月までのこの累計費用は、撤退の速度がわからないと計算できない。撤退により、１９１９年前半に見られた**月額**２０００万ポンド超の費用が１００万ポンドにまで下がるはずで、これがいずれ普通の数字になるはずだ。だが私の推計では、この累計は2億ポンドくらいなのではないか。これで手元にまだ1億～2億ポンドが残る。

これと、財の輸出と、１９２１年5月以前の平和条約に基づく現物支払い（これについて私はまだ補正を行っていない）から、連合国がドイツにとって不可欠だと判断した必須の食糧と原材料を購入するための金額を返してもらえるはずだ、という希望を連合国はドイツに抱かせ続けてきた。ドイツが経済生活を再確立するために、ドイツが外国から買う必要のある財の金銭価値についても、連合軍がどの程度まで裁量に幅を持たせてくれるかについても、現時点では正確な判断は下せない。

１９２１年5月までに、ドイツの原材料と食糧の在庫が正常な状態に少しでも近いところまで回復するのであれば、ドイツはおそらく外国からの購買力を、現在の輸出品の価値に加えて、少なくとも1億～2億ポンドは必要とする。これが認められるとは考えにくいが、私はあえて、まともに反論する余地のない事実として、ドイツの社会経済状態は1921年5月までの時点で、輸出が輸入を上回るような状態を生み出すものでは絶対にありえないし、石炭、染料、材木などの材料として連合国に提供することになっている現物納付の価値は、存続に不可欠な輸入品支払いのためにドイツに返すしかないと断言しよう。[51]

したがって、賠償委員会はドイツの即座に移転可能な富と、条約の下でドイツ側に計上できる金額、占領軍の費用支払いを済ませたら、仮想的に計上した1億～2億ポンドの中からは、一切追加分を期待できないことになる。ベルギーは条約の外で、フランス、アメリカ、イギリスと個別合意を結び、賠償で得られる**最初**の1億ポンドを賠償請求の一部としてもらえることにした。

すると結局の話としては、ベルギーは1921年5月までに1億ポンドを得られる可能性は**なきにしもあらず**だが、それ以外の連合国はその日までに、お話にもならない程度の賠償金しか得られないだろうということだ。いずれにしても、各国財務大臣がこれ以外の仮説に基づいて計画を立てるのはきわめて無責任だ。

3　数年にわたる年次の支払い

植民地や外国との取引関係、商船隊、外国資産のほぼ完全な喪失、領土と人口の1割の割譲、石炭の3分の1と鉄鉱石の4分の3の喪失、人生絶頂期にある男性200万人の死傷、4年にわたる国民の飢餓、巨額の戦争債務、通貨価値が7分の1以下に下落したこと、同盟国とその領土の騒乱、国内の革命と国境でのボリシェヴィズムの興隆、さらにあらゆるものを飲み込む戦争4年間と最終的な敗北による計り知れない強さと希望の荒廃すべてにより、ドイツが戦前に毎年外国に対して支払いを行っていた能力は、まったく影響を受けていないわけではないことは明らかだろう。

これらすべては、自明だと思うのが普通だ。しかし、ドイツからの巨額の賠償金推計は、ドイツが過去のどの時期に比べても、すさまじく大規模な活動を将来行える立場にあるのだという想定に基づいている。

数字をはじくためには、その支払いが現金だろうと（あるいは外貨だろうと）、条約でたくらんでいるような部分的な現物払い（石炭、染料、材木など）だろうと大差ない。いずれにしても、ドイツが支払いをするには具体的な商品を輸出するしかない。そうした輸出品の価値を賠償目的のために利用する手法は、相対的には細かい話でしかない。

ある程度は最初の原則に立ち返り、可能な場合は現に存在する統計に依拠しないと、単なる仮説の中で迷子になるだけだ。ドイツが年次の支払いをするには、長年にわたり輸入を減らして輸出を増やすしかないのは間違いない。これにより貿易収支を自国に有利なように黒字拡大し、その黒字分で外国への支払いを捻出するわけだ。

ドイツは、長期的には現物で支払える。いや、現物でしか支払えない。そうした現物が直接連合国に渡ろうが、中立国に売却されて中立国の支払い計上が連合国に渡ろうが同じことだ。だから、このプロセスを実施できる規模を推計するための最も確固たる基盤は、戦前の貿易収支を分析することで得られる。こうした分析の基盤があり、さらに同国の全体としての富の生産能力に関する全般的なデータでそれを補って、初めてドイツの輸出がどこまで輸入を上回れるのかという最大限の数字について、合理的な推計が行える。

１９１３年のドイツ総輸入額は５・38億ポンドで、輸出額は５・05億ポンドだった。これは中継貿易や金塊は除いた数字だ。つまり、輸入が輸出を０・33億ポンドほど上回っていた。１９１３年までの５年間平均で見ると、輸入は輸出をずっと大量に上回っており、平均０・74億ポンドの貿易赤字だ。するとここから、ドイツの戦前における新規外国投資の資金の総額以上のものが、既存の外国証券の利子収入と、海運業、外国の銀行業務などの利潤から得られていたことがわかる。

いまや、外国財産や商船隊がドイツから奪われようとしており、外国の銀行業務などの外国からの雑収入源が破壊されたので、ドイツは、戦前の輸出入をもとに考えると、貿易黒字を出して外国に支払いができるどころか、自分の帳尻を合わせるのもおぼつかないようだ。だから、ドイツが真っ先にやるべきなのは、この貿易赤字分を補うために消費と生産を再調整することだ。そこから、輸入商品の利用をさらに節約できて、輸出をさらに刺激できたら、その分は賠償支払いにまわすことができる。

ドイツの輸出入貿易の3分の2が、次表では品目別に数値化されている部分に適用される検討事項は、残り3分の1にもおおむね適用できると思われる。ちなみに残りの部分とは、個別には重要性の低い商品で構成されている。

これらの表を見ると、最も重要な輸出品は以下のとおりだとわかる。（1）鉄製品、トタン板などを含む（13・2パーセント）、（2）機械類（7・5パーセント）、（3）石炭、コークス、練炭（7パーセント）、（4）羊毛製品、原羊毛や梳毛、衣服を含む（5・9パーセント）、（5）綿製品、綿糸や綿花を含む（5・6パーセント）。これら5つの品目で、総輸出の39・2パーセントを占める。こうした商品はすべて、戦前にはドイツとイギリスの間で競争がきわめて激しかったものばかりだというのがわかる。つまり、こうした輸出品の外国やヨーロッパ内への輸出量が大幅に増えたら、イギリスの輸出産業に対する影響もその分だけ深刻になるということだ。

品目のうちの2つ、つまり綿製品と羊毛製品について言えば、輸出の増加は原材料の輸入増加に依存している。ドイツでは綿花は取れないし、羊毛もほとんどないからだ。だからこうした産業は、ドイツがそうした原材料確保のための手立てを与えられない限り（これは連合国側がその分犠牲になるしかない）、戦前消費水準を超えた拡大は不可能だし、それができたとしても、実質的に増えるのは輸出総額ではなく、工業製品輸出と輸入原材料との価値の差分でしかない。

ドイツの輸出（1913年）	価額（単位：100万ポンド）	比率
鉄製品（トタン板などを含む）	66.13	13.2
機械と部品（自動車を含む）	37.55	7.5
石炭、コークス、練炭	35.34	7.0
羊毛製品（原羊毛、梳毛、衣服を含む）	29.40	5.9
綿製品（綿花、綿糸を含む）	28.15	5.6
小計	196.57	39.2
穀物類（ライ麦、大麦、小麦、ホップを含む）	21.18	4.1
皮、革製品	15.47	3.0
砂糖	13.20	2.6
紙類	13.10	2.6
毛皮	11.75	2.2
電気製品（設備、機械、電灯、電線）	10.88	2.2
絹製品	10.10	2.0
染料	9.76	1.9
銅製品	6.50	1.3
玩具	5.15	1.0
ゴムとゴム製品	4.27	0.9
本、地図、楽譜	3.71	0.8
酸化カリウム	3.18	0.6
ガラス	3.14	0.6
塩化カリウム	2.91	0.6
ピアノ、オルガン、同部品	2.77	0.6
生亜鉛	2.74	0.5
磁器	2.53	0.5
小計	142.34	28.0
その他分類外の商品	165.92	32.8
合計	504.83	100.0

ドイツの輸入（1913年）	価額（単位：100万ポンド）	比率
(1) 原材料		
綿花	30.35	5.6
皮革	24.86	4.6
羊毛	23.67	4.4
銅	16.75	3.1
石炭	13.66	2.5
材木	11.60	2.2
鉄鉱石	11.35	2.1
毛皮	9.35	1.7
亜麻、亜麻種子	9.33	1.7
硝石	8.55	1.6
絹	7.90	1.5
ゴム	7.30	1.4
ジュート麻	4.70	0.9
石油	3.49	0.7
スズ	2.91	0.5
リン	2.32	0.4
潤滑油	2.29	0.4
小計	190.38	35.3
(2) 食品、タバコなど		
穀物類（小麦、大麦、ブラン、米、トウモロコシ、オーツ麦、ライ麦、クローバー）	65.51	12.2
オイルシード、ケーキなど（ヤシの実、コプラ、ココア豆を含む）	20.53	3.8
肉牛、ラム脂、脂袋	14.62	2.8
コーヒー	10.95	2.0
卵	9.70	1.8
タバコ	6.70	1.2

バター	5.93	1.1
馬	5.81	1.1
果物	3.65	0.7
魚	2.99	0.6
鶏肉	2.80	0.5
ワイン	2.67	0.5
小計	151.86	28.3
(3) 工業製品		
綿糸、綿製品	9.41	1.8
羊毛糸、羊毛製品	7.57	1.4
機械	4.02	0.7
小計	21.00	3.9
(4) その他分類外の商品	175.28	32.5
合計	538.52	100.0

残り3つのカテゴリー、機械、鉄製品、石炭を見ると、ドイツが輸出を増やす能力は、ポーランド、上シレジア、アルザス＝ロレーヌの割譲により奪われてしまった。すでに指摘したように、こうした地区はドイツの石炭生産量の3分の1近くを占めていた。だが同時に、鉄鉱石生産の4分の3超、高炉の38パーセント、鉄や鋼鉄の製鉄所の9・5パーセントを供給していた地域でもある。したがって、アルザス＝ロレーヌと上シレジアが、ドイツ本土に鉄鉱石を送って加工させない限り（これは輸入増加をもたらし、その支払手段が必要となる）、輸出貿易が増加する見通しはかなり低く、減少の可能性が高い[52]。

一覧表でその次に載っているのは、穀物、皮・革製品、砂糖、紙、毛皮、電気製品、絹製品、染料だ。穀物は純輸出にはなっておらず、同じ商品の輸入がはるかに均衡を上回っている。砂糖はと言えば、ドイツの戦前輸出の9割近くはイギリス向けだ。[53] この貿易を刺激するには、ドイツの砂糖に対して、イギリスが優遇補助金を与えたり、石炭や染料などについて提案されたのと同様に、砂糖も賠償支払いの一部として受け入れたりするよう取り決めればいい。

紙の輸出もまたある程度は増やせるかもしれない。皮・革製品、毛皮、絹製品は収支の反対側で対応する輸出に依存する。絹製品は、フランスとイタリアの貿易と大幅に競合する。残りの品目は、個々にはとても小さい。賠償金の相当部分を酸化カリウムなどで支払っては、という提案もなされていると聞いた。しかし、酸化カリウムは戦前にはドイツ輸出の0・6パーセントにすぎず、総価値も300万ポンドほどだ。さらにフランスは、回復した領土で酸化カリウム鉱脈を確保したので、この材料のドイツ輸出が大きく刺激されるのは歓迎しないだろう。

輸入品一覧表を検討すると、63・6パーセントは原材料と食品だとわかる。原材料の主要品目、つまり綿花、羊毛、銅、皮革、鉄鉱石、毛皮、絹、ゴム、スズは、輸出側のほうに影響を与えずに減らすことはあまりできないし、輸出を増やすならこちらも増やさねばならない。

食品の輸入、つまり小麦、大麦、コーヒー、卵、米、トウモロコシなどは、別の問題を引き起こす。一部の享楽品を除けば、ドイツ労働階級の戦前の食品消費は最大効率に必要なものを超えていたとは考えにくい。実際には、たぶんその量より不足していただろう。だから、食品輸入を大幅に減らそうとすれば、工業人口の効率性に影響し、ひいてはかれらに無理矢理作らせる余剰輸出品の量にも影響する。労働者たちが腹を空かせているようでは、ドイツ工業の生産性を大幅に上げろと言っても無駄だろう。

だがこれは、大麦やコーヒー、卵、タバコについては、まったく同じではないかもしれない。もし、将来的にドイツ人がだれもビールやコーヒーを飲まず、タバコも吸わないような体制を強制できるのであれば、相当な節約ができる。そうでなければ、大幅な削減余地はほとんどないようだ。

ドイツの輸出入を、輸出先と輸入元別に分析した次表も、当面の問題と関係してくる。ここから見るに、1913年のドイツの輸出のうち、18パーセントはイギリス帝国、17パーセントはフランス、イタリア、ベルギー、10パーセントはロシアとルーマニア、7パーセントがアメリカ相手だ。つまり、輸出の半分以上は市場を連合国の諸国に見出しているということだ。残りのうち、12パーセントはオーストリア＝ハンガリー、トルコ、ブルガリア相手で、残り35パーセントはその他となる。だから、現在の連合国がドイツ製品の輸入を奨励する気がない限り、総輸出量を増やすには、中立国の市場にダンピングするしかない。

以上の分析は、講和後に生じる条件の下で、ドイツの貿易収支に対する最大限の改変規模の可能性をある程度示してくれる。想定を以下のように考えよう。（1）綿花や羊毛の供給（世界的な供給は限られている）において、自国よりもドイツを特別に優遇はしない、（2）フランスは鉄鉱脈を確保したので、自国で高炉や鋼鉄貿易も獲得しようと真剣に試みる、（3）ドイツが海

相手国別におけるドイツの貿易量（1913年）

	ドイツ輸出先		ドイツ輸入元	
	価額（単位：100万ポンド）	比率	価額（単位：100万ポンド）	比率
イギリス	71.91	14.2	43.80	8.1
インド	7.53	1.5	27.04	5.0
エジプト	2.17	0.4	5.92	1.1
カナダ	3.02	0.6	3.20	0.6
オーストラリア	4.42	0.9	14.80	2.8
南アフリカ	2.34	0.5	3.48	0.6
イギリス帝国小計	91.39	18.1	98.24	18.2
フランス	39.49	7.8	29.21	5.4
ベルギー	27.55	5.5	17.23	3.2
イタリア	19.67	3.9	15.88	3.0
アメリカ	35.66	7.1	85.56	15.9
ロシア	44.00	8.7	71.23	13.2
ルーマニア	7.00	1.4	3.99	0.7
オーストリア＝ハンガリー	55.24	10.9	41.36	7.7
トルコ	4.92	1.0	3.68	0.7
ブルガリア	1.51	0.3	0.40	…
その他	178.04	35.3	171.74	32.0
総計	504.47	100.0	538.52	100.0

外市場で、連合国の鉄やその他貿易において安値販売をするよう奨励・支援されたりはしない、(4)イギリス帝国でドイツ製品に対する大幅な優遇措置は与えない。すると、個別品目を検討すれば、あまり大した変更はできないのは明らかだ。

主要品目をおさらいしてみよう。(1)鉄製品。ドイツの資源喪失から見て、純輸出の増加は不可能に思えるし、激減のほうがありそうだ。(2)機械。ある程度は増やせる。(3)石炭とコークス。ドイツの戦前純輸出は2200万ポンドだった。連合国は、当面は2000万トンが最大限の輸出量で、どこか将来時点で、問題が多く(実際問題としては)不可能なことだが、4000万トンへの増加もありうると合意している。2000万トンをもとにしても、戦前価格で測ると実質的に価値はほとんど増加しない。[54]一方で、この量が強要されたら、生産に石炭を必要とする工業製品の輸出はずっと大幅に減るしかない。(4)羊毛製品。生羊毛なしで増加は不可能で、生羊毛の供給に対する他の権利主張を考慮すると減る見込みが高い。(5)綿製品。羊毛と同じ考察があてはまる。(6)穀物。純輸出はこれまでも存在しなかったし、今後もありえない。(7)皮・革製品。羊毛と同じ考察があてはまる。

これでドイツの戦前輸出の半分近くをカバーしたが、他にはかつて輸出の3パーセントを占めた商品はない。ドイツはどんな商品で支払えばいいのか？　染料？　染料の1913年総価額は1億ポンドだ。玩具？　酸化カリウム？　1913年の輸出額は300万ポンドだ。そして商品が特定できても、それをどこの市場で売る？　私たちが念頭に置いているのは、年商数千万ポンドの商品ではなく、何億ポンドの商品だというのをお忘れなく。

輸入の側だと、もう少しできることはある。生活水準を下げれば、輸入商品への大幅な支出減が可能かもしれない。でもすでに見たとおり、大型品目の多くは、減らすと輸出量に影響してしまう。

荒唐無稽にならない範囲で、できるだけ高い推定をしてみよう。仮にしばらくするとドイツは、資源や設備、市場や生産力の削減にもかかわらず、輸出を増やして輸入を減らし、貿易収支を戦前価格で見て年1億ポンド分改善できたとしよう。この調整でまず、以前の貿易赤字の清算が必要となる。これは戦争に先立つ5年間では、年平均0・74億ポンドだった。だがこれを処理して、年0・5億ポンドの貿易黒字が残ったとしよう。これを戦前物価からの上昇反映のために倍にして、1億ポンドという数字が得られる。純粋に経済的な面だけでなく、政治、社会、人的要素を考慮すると、ドイツがこの金額を毎年30年にわたり払い続けるよう、強制できるものか怪しいとは思う。だがドイツがそうできると仮定したり、そうしてくれると願ったりしても荒唐無稽ではない。

こうした数字に、金利5パーセントで元本償還分を1パーセントとすると、資本金額が現在価値17億ポンドということになる。[55]

したがって、最終的な結論としては、あらゆる支払手法を含め——即時に移転可能な富、割譲した財産、年次払い——ドイツの支払可能額として20億ポンドというのが安全な最大値だということになる。実際のあらゆる状況において、私はドイツがそんなに払えるとは思わない。これがきわめて低い数字だと思う人々は、以下の驚くべき比較を念頭においてほしい。

１８７１年のフランスの富は、１９１３年のドイツの富の半分弱と推計されていた。お金の価値の変化を除けば、ドイツから5億ポンドの賠償を得ると、１８７１年にフランスが支払った金額に比肩するものとなる。そして、賠償金の真の負担はその金額に対して比例以上の割合で増えるので、ドイツによる20億ポンドの支払いは、１８７１年にフランスが支払った2億ポンドより、はるかに厳しい結果を招くだろう。

上記で採用した議論に沿って得られた数字を増やす可能性がある費目は、たった1つしか見あたらない。つまり、もしドイツの労働力が荒廃地域に物理的に運ばれて、再建作業に取り組む場合だ。こうした仕組みがすでに限定的に検討されている、と言われている。このような形で得られる追加の計上支払額は、ドイツ政府がこのような形でなんとか維持できる労働者の数にもよるし、また長年にわたり、ベルギーやフランスの住民が自分たちの間に、どれだけのドイツ人を容認できるかにもよる。

いずれにしても、実際の再建作業において、何年もかけたとしても、（ざっと）2・5億ポンドを超える純現在価値を持つだけの輸入労働を活用するというのは、とても難しそうだ。そしてこれですら実際には、他の形で獲得できる年間支払額に対する純加算にはならない。

だから、80億ポンドはおろか50億ポンドの支払能力ですら、まともな可能性の範囲内には収まっていない。したがって、ドイツが年間に何億ポンドにものぼる支払いができると信じている人は、**具体的にどんな商品により**、この支払いを受けるつもりで、その商品を**どの市場で**売るつもりなのかを述べねばならない。かれらがある程度の詳細を説明し、その結論を支持する具体性のある議論を出してこない限り、そういう人々は信じるに値しない[56]。

但し書きはたった3つしか付けないし、そのどれ1つとして、目先の実務的な目的における私の議論の力に影響するものではない。

第一に、連合軍がドイツの貿易と産業を5年か10年の期間にわたり「看護」し、巨額の融資と大量の船、食糧、原材料をその期間に提供して、ドイツのために市場を作り、意図的に自分たちの資源すべてと善意をかけて、ドイツを世界最高の工業国とは言わないまでも、ヨーロッパ最大の工業国にしようとするなら、たぶんその後はずっと大きな金額を引き出せるだろう。というのも、ドイツはきわめて高い生産性を実現できるからだ。

第二に、私は金銭単位での推計をしているが、私たちの価値単位の購買力には革命的な変化はないと想定している。黄金の価値が現在の半分にまで下落したら、黄金で固定された支払いの実質負担はそれに比例して下がる。1ポンド金貨が今の1シリングの価値になったら、もちろんドイツは私が挙げたポンド金貨での金額よりも多くを支払える。

第三に、人間の労働に対する自然や材料の産出量に革命的な変化がないと想定している。科学の進歩で、生活の基準すべてが計り知れないほどに引き上げられるような手法や装置を手の届くものにしてくれることは、**不可能**ではない。それにより、ある一定量の生産物は、現在それに必要な人間努力のごく一部だけで作れるようになってしまうかもしれない。そうなったら「能力」の基準はすべて変わってしまう。だが、どんなことでも**可能性がゼロではない**からといって、荒唐無稽な話をする口実にはならない。

1870年には、確かにだれも1910年のドイツの能力を予想できなかっただろう。一世代かそれ以上先のことを予測して法制化できるなどとは期待できない。人間の経済条件の長期変化と、人間の予測にありがちな間違いは、どちらもあれやこれやの方向での誤りにつながるはずだ。

私たちは筋の通った人間として、政策を手持ちの証拠に基づいて決め、それを自分たちにある程度は見通せると想定できる5年か10年に適用するのが精一杯だ。そして、もし人間存在の極限の可能性や、自然の秩序の革命的な変化、人間の自然に対する関係の大変動を考慮しなくても、それは私たちの落ち度ではない。ドイツの長期的な支払能力について十分な知識がないからといって、ドイツが100億ポンド支払えるなどという主張がそれで正当化されるわけではない（私は一部の人々が、それで正当化されるのだと主張するのを聞いたことがある）。

どうして、世間は政治家の不正直ぶりにだまされやすいのだろうか？　説明するまでもないとは思うが、今回のだまされやすさの一部は、以下の影響のせいだろう。

まず、戦争の巨額の支出、物価インフレ、通貨下落による価値単位の完全な不安定性によって、私たちは財政における数字や規模の感覚をすべて失ってしまった。可能性の限界と信じていたものがこれほど大規模に突破され、過去に基づいて期待を形成していた人々が、実に間違えてばかりなので、世間の人々は多少の権威を持って何か言われたら、それをすべて信じてしまうようになった。そして、数字がでかければでかいほど、それを鵜呑みにするのだ。

しかし、問題をもっと深く検討する人々も、ときどき誤謬のために間違える。その誤謬は、筋道だった思考よりはるかにもっともらしいのだ。そうした人々は、ドイツの貿易余剰（貿易黒字）ではなく、ドイツの年間生産力の総余剰をもとに結論を出しているのかもしれない。ヘルファーリッヒが、ドイツの年間の富の増分を1913年について推計したが、これが4億〜4・25億ポンド（既存の土地や財産の名目価値上昇を除く）だった。戦前のドイツは、軍備に0・5億〜1億ポンドを費やしており、これを今では支出せずにすむ。だったら、ドイツは連合国に対し、年額5億ポンド支払ってもよいのでは？　これがその粗雑な議論を、最も強くもっともらしい形で提示したものだ。

だが、ここには2つ間違いがある。まず、ドイツの年間貯蓄は、戦争と平和条約による苦しみによって、かつての水準より大幅に下がるし、それがこの先毎年ドイツから奪われるのであれば、やはり以前の水準には到達しようがない。

アルザス＝ロレーヌ、ポーランド、上シレジアの喪失による余剰生産性の低下は、年間0・5億ポンドを下回ることはありえない。ドイツは、船舶や外国投資、外国銀行との取引関係から年額1億ポンドの利潤を得ていたとされるが、そのすべてはいまや奪われた。軍備支出がなくなる分は、恩給向けに毎年課される費用、推計2・5億ポンドで相殺以上に持って行かれ[57]、これは生産能力の本当の喪失を示すものだ。そして、国内負債の重荷は240億マルクほどあるが、これは国内の分配問題であり生産性の問題ではないといって無視するにしても、ドイツが戦争中に借りた外国への負債、原材料在庫の枯渇、家畜の喪失、施肥や労働力の不足による土壌生産性の劣化、ほとんど5年近くにわたり多くの修理や更新をやってこなかったことからくる、富の劣化などは、やはり考慮しなければならない。ドイツは戦前ほどは豊かでないのだ。そしてこれまで考慮した要因とはまったく別に、これらの理由から生じる将来の貯蓄の低下が10パーセント、つまり年間0・4億ポンド以下ということはまずありえない。

こうした要因のため、すでにドイツの年間余剰（黒字）は、他の理由からドイツ年間支払可能額の上限として設定した1億ポンドを下回った。だが、まだドイツに対し、敗北した敵に当然課せるはずの生活水準と快適さの引き下げを考慮していないではないか、という反論がありうるとしても[58]、計算手法にはまだ根本的な誤謬がある。自国投資に使える年間余剰を、外国への輸出に使える余剰に変換するには、行われている仕事の種類を大幅に変えねばならない。労働は、ドイツの国内サービスには使えるし、効率的かもしれないが、外国貿易ではまったく使い道がないかもしれない。

輸出貿易の検討で直面したのと同じ問題がここでも出てくる——ドイツの労働が大規模なは

け口を見つけられるのは、輸出産業のうち**どれ**だろうか？　労働を新しい使途にふりむけようとすれば必ず効率は下がり、巨額の資本支出も必要だ。ドイツの労働が自国での資本改良のために生産できる年間余剰は、理論的にも実務的にも、ドイツが外国で支払える年間負担額の目安にはならないのだ。

Ⅳ　賠償委員会

この機関はあまりに驚異的であり、もし少しでもまともに機能すれば、ヨーロッパにおける生活にきわめて広範な影響を与えるので、その属性は別建ての検討に値する。

現在の条約下でドイツに課された賠償金には先例などない。これまでの戦争後の調停の一部だった賠償金引き出しは、今回のものとは2つの根本的な側面で違っていたからだ。これまでは、要求される金額は明確だったし、一括の金額で計測されるものだった。そして負けた側が年間現金支払いをこなしていれば、それについて何ら口出しする必要はなかった。

だがすでに説明した理由から、この場合の強制取り立て額はまだ決まっておらず、それが固まったときには現金で支払える金額はおろか、どんな形であれ支払える額をも上回るはずだ。したがって、賠償権の請求書を整え、支払方式を固め、必要な免除や遅延を承認するために、組織を設立するのが必要だった。

この組織が毎年毎年、最大限に強制取り立てを行えるような立場に置くためには、敵諸国の国内経済生活について広い権限を与えるしかなかった。これらの国々は、今後は破産領地として、債権者により債権者のために管理運営されるものとして扱われる。だが実際には、その権限や機能はこの目的に必要とされるものすら超えて拡大され、賠償委員会は条約そのもので結論を出さずにおくほうが便利な無数の経済財政問題についての、最終的な調停者として設立されたのだった。[59]

賠償委員会の権限と定款は、ドイツとの条約の賠償章２３３条から２４１条と第２付属書で主に規定されている。しかし、この委員会は、オーストリアとブルガリアにも権限を行使し、また講和が結ばれたらハンガリーとトルコにも権限行使するかもしれない。だから、オーストリアとの条約[60]やブルガリアとの条約[61]にも、似たり寄ったりの条項がある。

主要連合国はそれぞれ、主任委員１人が代表している。アメリカ、イギリス、フランス、イタリアの代表はあらゆる議事に参加する。ベルギーの委員は、日本の委員かセルビア＝クロアチア＝スロヴェニア国家の委員が参加するもの以外のすべての議事に参加する。日本の委員は、海洋問題か日本固有の問題に関するすべての議事に参加する。セルビア＝クロアチア＝スロヴェニア国家の委員は、オーストリア、ハンガリー、ブルガリアに関する問題が検討されているときに参加する。他の連合国は、自分たち個別の主張や利害が検討されているときに委員を送ることができるが、投票権は持たない。

一般に、この委員会は多数決で決定するが、いくつか個別の例では全員一致が必要だ。その最も重要なものはドイツ債務の減免、長期の先送り、ドイツ債券の売却だ。委員会は決定事項を実施する完全な実施権限を与えられている。実施担当者を設置してその係官に権限移譲してよい。委員会とその職員は外交官特権を享受し、その給与はドイツが支払うが、ドイツはその給与決定に関与できない。もしこの委員会がその無数の機能を適切に果たすつもりなら、巨大な多言語による官僚組織を確立することが必要で、職員は数百名にのぼるだろう。パリに本部を持つこの組織に、中央ヨーロッパの経済的な運命が委ねられるのだ。

その主要機能は以下のとおり。

（1）委員会は、賠償章の第1付属書に基づき、連合国それぞれの賠償請求を詳細に検討し、敵諸国に対する賠償請求の厳密な金額を決定する。この作業は、1921年5月までに完了しなければならない。同委員会は、ドイツ政府とドイツ同盟国に対し「意見を述べる公正な機会を提供するが、委員会の決定には何ら参加を認めない」。つまり、委員会は当事者と裁判官の両方を同時に務める。

（2）賠償請求額を決めたら、その全額と利息を30年以内に支払うための支払スケジュールを書き上げる。ときどき同委員会は、実現可能性の制限内でスケジュール改変のため、「ドイツの資源と能力を考慮し、（中略）同国代表が意見を述べる公正な機会を与える」。

「定期的にドイツの支払能力を試算するにあたり、委員会はドイツの課税制度を検討し、まずドイツが支払いを求められている賠償金額のための課金が、ドイツのあらゆる歳入に対して、国内債務の元利返済より優先されているかを確認し、第二にドイツの課税制度が全般的に、委員会で代表されているどの国と比べても比率として重いものとなっているか確認する」。

（3）1921年5月まで、委員会は10億ポンドの支払確保のため、どこにあるどんなものだろうとドイツ財産をすべて引き渡すよう要求する権利を持つ。つまり「ドイツは黄金、商品、船舶、証券、その他賠償委員会が定めるいかなる形態であれ、委員会の定める支払計画に従って支払いを行う」。

（4）委員会はロシア、中国、トルコ、オーストリア、ハンガリー、ブルガリア、その他ドイツやその同盟国に所属していたあらゆる領土における、公益事業でのドイツ国民の権利や利権のどれが、剥奪されて委員会自身に移転されるかを決める。委員会は、こうして移転された利権の価値を評価し、その収益を分配する。

（5）委員会はドイツから剥奪した資源のうち、ドイツが将来的に賠償支払いを続けられるだけの経済活力を経済組織の中で維持するために、どれだけをドイツに戻すべきかを決定する。[62]

（6）委員会は、休戦下や平和条約下で移譲された財産や利権——貨車や機関車、商船隊、河川船舶、牛、ザール炭鉱、割譲領土にあった財産でドイツに計上されるものなど——の価値を定め、これに対する苦情や仲裁は一切行わない。

（7）委員会は、賠償章の各種付属書で定められた毎年の物納について、数量と価値（ただし、いくつか決まった制限に従う）を定める。
（8）委員会は、同定された財産のドイツによる返還のための手立てを講じる。
（9）委員会は、ドイツからの現金や物納によるあらゆる受け取り分を受領、管理、分配する。またドイツの負債債券を発行および売買する。
（10）委員会は、戦前公債のうち、割譲されるシュレスヴィッヒ、ポーランド、ダンツィヒ、上シレジアが負担すべき部分を割り当てる。委員会はまた旧オーストリア＝ハンガリー帝国の公債を、その構成地域に対して分配する。
（11）委員会は、オーストリア＝ハンガリー銀行を清算し、旧オーストリア＝ハンガリー帝国の通貨システム廃止と置きかえを監督する。
（12）ドイツが義務を果たせていないと同委員会が判断した場合には、それを報告し、それを強要するための手法について助言するのが役目である。
（13）一般に、当委員会は下位組織を通じて、ドイツと同じ役割をオーストリアやブルガリアに対しても果たし、おそらくはハンガリーとトルコについても同様である。[63]
これ以外にも、比較的細かい仕事もいろいろ委員会に割り振られている。しかし、以上のまとめは、その権限の規模と範囲を十分に示している。この権限は、条約の要求が一般にドイツの能力を超えたものだという事実のために、その重要性がはるかに増している。結果として、ドイツの経済条件から見て必要と判断されたら委員会に減免を行う権限を与える条項は、多くの個別状況でこの委員会をドイツの経済生活を左右する存在にする。

委員会は、ドイツの全般的な支払能力を調べ、初期の数年にはどんな食品や原材料の輸入が必要かを決めるだけではない。ドイツの税制（第2付属書第12（b）段落）とドイツの国内歳出に圧力をかけ、賠償金の支払いこそが、ドイツのあらゆるリソースに対して優先的に課金されるようにする権限を持つ[64]。そして、ドイツの経済生活に対して、機械、牛などの要求や、石炭の配給スケジュールが与える影響についても決める。

条約の２４０条において、ドイツは、委員会とその権限を「連合および連盟国政府で構成されるものと同じ」と明示的に認知し、「この委員会に対し、本条約で与えられた権利と権限の保有とその行使を不可逆な形で合意」する。ドイツはこの委員会にあらゆる関連情報を提供する。そして最後に２４１条で、「ドイツはこうした規定を完全に実施するために必要な、あらゆる法制、政令、条例を可決、発効、持続させる」。

これに対するヴェルサイユでのドイツ財政委員会のコメントは、何ら誇張とは言えない。「これではドイツ民主主義は、ドイツ国民が厳しい戦いの末にそれを構築しようとした矢先に殲滅されてしまう――それを殲滅するのは、戦争を通じて民主主義をわれわれにもたらそうと不屈の努力を維持してきた人々なのだ。（中略）ドイツはもはや国民と国家ではなく、債権者により受益者の手に渡された取引上の1貿易会社でしかなくなり、その支払義務を自分の努力により果たそうとする意志を証明する機会さえ与えられない。委員会は、常設本部をドイツの外に持つが、ドイツに対してドイツ皇帝ですらいまだかつて持たなかったほどの強大な権限を与えられ、ドイツ人民はその体制下で今後何十年にもわたりあらゆる権利を剥奪され、絶対主義の日々におけるどの人民よりも大幅に、あらゆる行動の自由、経済や倫理的な進歩においてすら、個人的な願望をすべて奪われてしまう」。

この主張に対し、連合国はここに何らかの内容、根拠、正当性があると認めるのを拒否するという回答を行った。その宣言はこうだ。「ドイツ代表団の見解は、本委員会についてあまりに歪曲され、あまりに不正確な見方を示すものであり、条約の条文が冷静ないし慎重に検討されたとは信じにくいほどである。同委員会は、抑圧機関でもドイツ独立主権に介入するための装置でもない。使える武力も持たない。ドイツ領土内での実行力も持たない。示唆されているような、ドイツ国内での教育その他の制度に対する指揮能力や支配力もない。その仕事は、支払われるべきものを求めることだけである。そして、委員会として代表している連合国に対し、ドイツの支払いが滞った場合に報告するだけである。もし、ドイツが必要とされる資金を独自の方法で調達したら、委員会はそれを他のやり方で調達しろと命じることはできない。ドイツが物納を提案するなら、委員会はそうした支払いを受け入れるかもしれないが、条約そのもので指定されていない限り、委員会はそうした支払いを要求はできない」。

これは、賠償委員会の範囲と権限に関する率直な主張とは言えない。これは先に示したまとめと比べても、条約自体と対比してもわかることだ。たとえば、委員会が「使える武力も持たない」という主張は、条約４３０条から見て、いささか正当化しづらいのでないだろうか？　その条文にはこうある。「占領中、あるいは上記で述べられた15年間の完了後に、ドイツが本条約の賠償に関する部分の全体または一部の遵守を拒否していると賠償委員会が判断した場合、４２９条で示した地域の全体または一部は連合および連盟諸国により即座に再占領される」。

ドイツが約束を守ったか、あるいは守れるかという判断は、国際連盟ではなく、賠償委員会自身に任されていることに注目すべきだ。そして、委員会による否定的な判定に続いて「即座に」武力行使が生じるというわけだ。さらに、連合国の回答で試みられている委員会権限の矮小化は、ドイツがかなり自由な形で「必要とされる資金を独自の方法で調達」できるという想定におおむね基づく。もしそうなら、確かに賠償委員会の権限は実際的にはほとんど発効しない。だが実際には、この委員会を設置する主な理由の１つが、ドイツは名目的に課された負担を負いきれない、という予想があるからなのだ。

＊　＊　＊　＊　＊

なんでもウィーンの人々は、賠償委員会の一部が訪問予定だと聞いて、ウィーン人らしくその委員会に希望をかけたそうだ。かれらは何も持っていないため、その金融的な機関は、自分たちからは何も取り立てられない。すると、この機関がやってくるのは、オーストリアを支援し、負担を免除してくれるために違いない、と。逆境でも、考えの浅いウィーン人はこのように論じる。

だが、かれらが正しいのかもしれない。賠償委員会はヨーロッパの問題ときわめて密接に関連する。そして、その権力に比例した責任を負う。だからそれは、その考案者たちが意図したものとはまったく違う役割を果たすことになるかもしれない。賠償委員会が、もはや利権団体ではない正義の組織である国際連盟に移管したとしても、心変わりと目標の変化を起こし、賠償委員会が今後抑圧と強奪の道具から、ヨーロッパ経済評議会へと一変し、敵国においてすら、生活と幸福の回復を目指す存在になったりはしない、とはだれが言えようか?

V ドイツの逆提案

ドイツの逆提案は、いささか曖昧だし、かなり不誠実でもある。賠償章の中で、ドイツが発行する債券を扱う条項は、賠償金額が50億ポンドで固定されたか、少なくともそれが最低額になったという印象を世間に抱かせた。だからドイツ代表団は、この数字に基づいて回答を作った。どうやら連合国の世論は**見かけ上**50億ポンド以下では満足しないと想定したらしい。そして、かれらとしてはこれほどの巨額を提示する用意が実はなかったので、才覚を発揮して、連合国の世論に対してはこの金額を生み出すというふうに示せる一方で、実際にはずっと少ない金額を意味するような仕組みを生み出した。

こうして示された仕組みは、事実を知って慎重に読む者ならばすぐに見破れるものだし、それで連合国の交渉人がだまされるとは、書いた側もよもや期待していなかったはずだ。だからドイツの戦術の前提は、連合国側も実は多少なりとも事実に根ざした解決に到達したいとこっそり思っているというもので、したがって連合国も、自国の国民たちとの間で作り出してしまったややこしい状況から見て、条約起草にあたり、ある程度の共謀をする用意があるだろう、と考えたわけだ。こうした想定は、ちょっと違う状況でなら、かなりよい根拠を持ちえたはずだ。

だが、実情ではこうした小技はかれらのためにはならなかった。むしろ自分たちの債務と考えるものと、自分たちの支払能力とについて、率直で包み隠さない推計を提示したほうがずっとよかった。

ドイツが提示したとされる50億ポンドは、以下のようなものとなっている。

まず、条約に定めた領土割譲にあたり、以下の条件が前提だった。「ドイツが、休戦協定に対応する領土の一体性を保つものとし[65]、植民地の所有物や商船隊は、トン数の大きな船舶も含め保持を認め、自国内でもその他世界でも他のあらゆる人々と同じ行動の自由を享受し、あらゆる戦争法制は即座に無効とし、戦時中のドイツの経済権やドイツの民間財産などに関する妨害はすべて相互性原則に基づいて扱われること」。つまりは、条約の賠償以外の相当部分の破棄が条件だった。

第二に、ドイツに対する請求は最大50億ポンドを超えないものとし、うち10億ポンドは1926年5月1日までに支払う。そして、この金額のいかなる部分も、支払いまでの期間は無利息とする。[66]

第三に、賠償金額に対して以下の勘定（他にもある）の差し引きが認められること。

（a）休戦中の軍事材料（たとえばドイツ海軍）を含むあらゆる引き渡し品の価値、（b）割譲した領土における全鉄道や国有財産、（c）あらゆる割譲領土に対し、それらの領土がドイツの一部として残った場合に負担することになったはずの、ドイツ公債（戦争債含む）の比例負担と、賠償金支払いの比例負担、（d）戦争中に同盟国がドイツに融資した金額に関する割譲地域の価値部分。[67]

（a）、（b）、（c）、（d）で控除される金額は、概算では実際の条約で許されたものよりも、最大20億ポンドほど多そうだ。とはいえ、（d）の控除額はほとんど計算不能だが。

だから、もし50億ポンドというドイツ提案の実際の価値を、条約で定めた基盤に基づいて推計するなら、まずは条約で認められていない20億ポンドの相殺分を控除する。そして、無利息となる先送り支払いの現在価値を得るため、残高は半分になる。すると、ドイツの提案は、条約が私の粗い概算で要求している80億ポンドに比べ、15億ポンドまで減る。

これだけでも、かなりの巨額の提示だ——実際、ドイツでは広範な批判を招いた——が、それが条約の他の相当部分の破棄を条件とするものなら、本気の提案とはとても思えない。[68] だがドイツ代表団は、自分たちにどこまで支払えるかについてもっと曖昧さのない表現で述べたほうがよかった。

この逆提案に対する連合国の最終回答には、１つ重要な条項があって、これまでは扱ってこなかったが、ここでならうまく扱える。大まかに言って、賠償章の当初の草案からは一切の譲歩は行われなかったが、連合国はドイツに負わせる負担総額が**決まっていないのが**不都合だと認識し、最終的な請求総額が１９２１年５月以前に決まる仕組みを提案した。条約調印から４カ月以内（つまり１９１９年10月末までということ）のいつの時点でも、ドイツは条約で定めた負債のすべてについて、一括金額での解決金を提示してよい、というものだ。その場合、連合国はそれから２カ月以内に（つまり１９１９年末までに）、「できる限りにおいて、そうしたすべての提案に対して回答する」。

この提案には３つの条件がついている。「第一に、ドイツ当局はこうした提案をするに先立ち、直接関係する連合国代表と協議すること。第二に、こうした提案は曖昧さがなく、厳密で明瞭であること。第三に、ドイツは費目や賠償項目について、議論の余地なく解決したものとして受け入れること」。

この提案は、このままではドイツの支払能力問題が噴出するのをまったく考慮していないようだ。考慮しているのは、条約で定めた総請求金額の確定のみ——それが（たとえば）70億ポンドか、80億ポンドか、100億ポンドかを決めるだけだ。連合国の回答はこう付け加える。「ここでの問題は、ひたすら事実だけの問題であり、つまりは賠償の金額についてのもので、そうしたものとして扱われるものとする」。

もし、約束された交渉が本当にこうした線に沿って行われたなら、たぶん実り薄いものとなるだろう。会議時点と比べ、1919年末になると数字に合意しやすくなったりはしない。どう計算してもすさまじい金額となるはずの、条約に定めた賠償負担が、いくらになるか確定したところで、ドイツの財務ポジションは改善しない。しかし、こうした交渉は、賠償支払いの問題すべてを再検討する機会はもたらす。とはいえ、こんなに早い時期に、連合諸国の世論がその気分を大幅に変えるとはなかなか期待できないのだが。[69]

＊　＊　＊　＊　＊

この問題の公正な扱いが、私たち自身の約束や経済的な事実だけにすべて依存したものであるかのような書き方でこの章を終えるわけにはいかない。ドイツを一世代にわたり隷属状態におき、何百万人もの人間の生を貶め、一国丸ごとの幸せを奪う方針は、忌まわしく唾棄すべきものだ——それが実現可能であっても、それが私たちを豊かにするものであっても、ヨーロッパの文明生活すべての衰退を招くものでなかったとしても、忌まわしく唾棄すべきなのだ。

これを正義の名の下に提唱する者もいる。人類史の大いなる出来事や、国民の複雑な命運の転回の中では、正義というのはそれほど単純なものではない。それほど単純だったとしても、国民は宗教的にも自然の道義的にも、敵国の子どもたちにその先祖や支配者たちの過ちの責任を負わせる権利などないのだ。

第6章

条約後のヨーロッパ

Chapter VI.
Europe after the Treaty

この章は必然的に悲観的なものとなる。条約はヨーロッパの経済的復興についての規定を何一つ含んでいない――敗北した中央ヨーロッパの帝国群をよき隣人同士に変えるような条項もないし、ヨーロッパの新興国を安定化させる条項もなければ、ロシアを救国するための条項もない。また、連合国自身の中で経済的連帯の約束もない。フランスとイタリアのがたがたになった財政を立て直すための取り決めについては、パリでは何一つ合意が得られなかったし、旧世界と新世界の体制を調整する手立ての合意もなかった。

四人会議はこうした問題に何ら関心を払わず、他の問題にばかり気を取られていた――クレマンソーは敵国の経済的な命脈を叩き潰すこと、ロイド・ジョージは取引をして、1週間ほどやりすごせる程度の何かを持ち帰ること、大統領は公正で正しくないことを何一つしないこと。ただ1つ、目の前で飢えて解体しつつあるヨーロッパの根本的な経済問題だけが、四人会議の関心をまったく引き起こせなかったというのは、驚異的な事実に思える。経済分野に話が及んだのは、主に賠償問題についてだけだった。それを解決するのに、かれらは神学問題や政治、選挙上のごまかしなど各種の観点から取り組んだが、かれらがその運命を操っている各国の経済的未来という観点の取り組みだけは一切なかったのだ。

ここからは、パリの会議と条約から一時的に離れ、戦争と平和が造り上げたヨーロッパの現状を検討しよう。そしてここではもはや、戦争がもたらした避けがたい果実と、平和がもたらした避けられる不幸な結果とを区別するつもりはない。

状況の基本的な事実は、見たところ簡単に述べられる。ヨーロッパは、世界史上で最も高密な人口集中地となっている。この人口は、比較的高い生活水準に慣れており、そしてその水準について一部は、今後劣化よりは改善が予想されている。他の大陸と比べると、ヨーロッパは自給自足ではない。特に、自分の食糧を供給しきれていない。

域内では人口があまり均等に配分されておらず、相当部分が比較的少数の高密な工業中心地に密集している。この人口は、あまり余剰の利潤もないとはいえ戦前は生計を立てていたが、それは繊細で極度にややこしい組織によるものであり、その基盤は石炭、鉄、輸送手段、そして他の大陸からの絶え間ない輸入食糧や原材料の供給で支えられていた。この組織の破壊と、供給の流れの中断により、この人口の一部は生活手段を奪われることとなった。

余った人々が外国移住するわけにはいかない。というのも、かれらを海外に移送するには何年もかかるし、かれらを受け入れる用意のある国が見つかるかどうかも怪しいからだ。したがって、私たちが直面している危険は、ヨーロッパの人々の生活水準が急激に劣化して、一部にとっては本当に飢餓が訪れるところまで行きかねないということだ（すでにロシアはこの状態に達しているし、オーストリアも到達しかけている）。

人は必ずしも黙って死ぬとは限らない。というのも、飢餓は、一部の人々を何かしらの無気力や寄る辺ない絶望へと導く一方で、他の気分もかき立てて、人々をヒステリーや狂乱した絶望といった、神経質な不安定性へと導くからだ。そして、こうした困窮した人々は、社会組織の残った部分を転覆させ、個人の圧倒的な欲求を必死で満たそうとする試みの中で、文明そのものを沈没させかねない。この危険に対してこそ、私たちはあらゆる資源や勇気、理想主義を使い、協力して立ち向かわねばならない。

1919年5月13日にブロックドルフ＝ランツァウ伯爵は、講和会議の連合および同盟諸国に対して、講和条件がドイツ国民の状態に与える影響の検討を任されたドイツ経済委員会の報告書を発表した。「過去二世代の間に、ドイツは農業国から工業国へと変身を遂げた。農業国であったときには、ドイツは人口4000万人しか養えなかった。工業国としても、6700万人の生存手段を確保できた。そして1913年には、食品の輸入は大まかな概数で1200万トンにのぼった。戦前には、ドイツの計1500万人が外国との貿易や航行、そして直接的または間接的に、外国原材料の利用により生活を維持していた」。

平和条約の関連した主要条項を再確認して、報告はこう続けている。「これだけドイツの生産物が減少し、植民地、商船団、外国投資の喪失から生じる経済的不景気の後、ドイツは外国から適切な量の原材料を輸入できなくなる。したがって、ドイツ産業の巨大な部分が不回避的に破壊を運命づけられる。食糧を輸入する必要性は大幅に増えるが、同時にその需要を満たす可能性が大幅に減る。したがって、きわめて短期間のうちに、ドイツは航行と貿易を通じて生計を立てられなくなった何百万人もの住民に対し、パンと職を与えられない立場に陥る。こうした人々は外国へ移住すべきだが、これは物理的に不可能であるし、また多くの国や中でも最も重要な国が、一切のドイツ移民に反対するはずなのでもっと悪化する。したがって、講和条件の実施は論理的に、ドイツにおける数百万人の喪失をもたらす。この災厄が実現するのに長くはかからない。というのも、国民の健康は戦時中に禁輸封鎖により衰退したからであり、休戦協定中には、封鎖の強化による飢餓の悪化によりそれに拍車がかかったからだ。いかに大きな支援だろうと、それがどんなに長期間続けられようと、こうした大量の死を防ぐことはできない」。

そして、報告は次のように結論づける。「もし、きわめて人口密度が高く、世界の経済システムと密接に結びつき、大量の原材料や食糧を輸入する必要性を持ったドイツという工業国が、いきなり、半世紀前に相当する経済状況と人口に相当する発展フェーズにまで押し戻された場合に生じる不可避的な結果について、同盟および連合諸国が認識しているのかどうか、われわれにはわからないし、実のところそれを疑問視するものである。この条約に署名する者は、何百万人というドイツの男、女、子どもたちの死刑判決に署名することになる」。

この言葉に対する適切な回答を、私は何も思いつかない。この糾弾は、ドイツに限らず、オーストリアの休戦についてもあてはまる。これが私たちの直面する根本的な問題であり、これを前にしては、領土の調整だのヨーロッパの勢力バランスだのはどうでもいい。人類の進歩を何世紀も引き戻した過去の災厄の一部は、一時的に良好な条件が生じて人口が成長し、その良好な条件が終わっても養える以上の数となったとき、その条件がいきなり自然のなりゆきや人間の行動により打ち切られ、それに続く反動から生じたものなのだ。

目先の状況の重要な特徴は3つに分類できる。第一に、当分続くヨーロッパの域内生産性の絶対的な下落。第二に、域内の産物を最も需要のあるところに運ぶ手段としての輸送手段と取引手段の崩壊。第三に、ヨーロッパが通常の供給物を海外から買えないということ。

生産性の低下の推計は容易ではなく、誇張されかねないものではある。だが、その低下ぶりに関する一見した証拠は圧倒的なものだし、これはフーヴァー氏の熟慮された警告における主要な論点となっている。その原因はいろいろ挙げられる――ロシアやハンガリーなどでの暴力的で長期的な騒乱。ポーランドやチェコスロバキアなどに見られる、新政府樹立とかれらの経済関係の再調整に関する経験不足。ヨーロッパ大陸全体における、戦争による死傷や軍事動員に伴う高能率な労働力の喪失。中央ヨーロッパ帝国群での継続的な食糧不足による効率性の低下。戦時中の人工肥料による施肥中断からくる土壌の疲弊。そして何よりも、生活の根本的な経済問題をめぐる労働階級の心の不穏さもある。これは（フーヴァー氏を引用すると）「人口の相当部分が、窮乏や戦争による心身への負担のために、肉体的に疲弊しきっていることから生じる、労働意欲の減退である」。

多くの人は、あれやこれやの理由で完全に失業している。フーヴァー氏によると、1919年7月におけるヨーロッパの各国失業当局の記録をまとめると、何らかの形で失業手当を受け取っている世帯は1500万にのぼり、それに対する支払いは主に通貨の絶え間ないインフレによりまかなわれている。ドイツでは、（少なくとも賠償の条項を文字どおりに解釈する限り）自分たちが生存ギリギリの水準を超えて生産するものはすべて、今後何年にもわたり奪われてしまうので、これが労働と資本に対するさらなる抑止となってしまう。

こうした手持ちの絶対的なデータを見ても、全体的な衰退の図式が大して変わるわけではなかろう。だが、読者にはいくつかのデータをお見せしておこう。ヨーロッパ全体の石炭生産は30パーセント下落したと推計されている。そしてヨーロッパの産業の相当部分と輸送システムのすべては石炭に依存している。戦前なら、ドイツは住民の消費する食糧の85パーセントを生産していたが、土壌の生産性はいまや40パーセント下がり、家畜の実質的な品質は55パーセント下がった。[1]

これまで大量の輸出可能な余剰を持っていたヨーロッパのうち、ロシアは輸送手段の未整備と同時に産出量の減少により、自国が飢えそうだ。ハンガリーは、他にもいろいろ問題を抱えているうえ、収穫直後にルーマニア人たちに収奪された。オーストリアは1919年の自国収穫高を、暦年が終わる前に消費し尽くすだろう。これらの数字はあまりに圧倒的であり、ほとんど信じられないほどだ。もう少し甘い数字のほうが、まだ実質的に信頼しやすかっただろう。

しかし、石炭が採掘され、穀物が収穫されたとしても、ヨーロッパの鉄道網破壊のためにそれが輸送できない。そして、財が輸送できてもヨーロッパの通貨システムがその販売を阻止する。だが戦争と休戦協定の降伏によるドイツの輸送システムが被った損失についてはすでに述べた。だがそれでも、ドイツの立場は、工業による復旧能力を考慮すれば、近隣国の一部に比べればそれほど深刻なものではないだろう。

ロシアでは（この国については厳密で正確な情報はほとんどないが）、鉄道車両の状態は総じて悲惨であり、それが現在の経済混乱における最も根本的な要因となっているらしい。そして、ポーランド、ルーマニア、ハンガリーでも状況は似たり寄ったりだ。だが、現代の工業生活は基本的に効率的な輸送設備に依存しており、こうした手段により生計を確保している人々は、輸送設備なしには生き続けられない。通貨の崩壊とその購買力に対する不信は、こうした害悪をさらに悪化させるものであり、外国貿易との関連でもう少し詳細に論じるべきだ。

では、私たちが思い描くヨーロッパ像とは何か？

農村人口は、自分自身の農業生産の果実で生存できるが、都市で一般的に慣れ親しんでいる余剰生産物は得られず、また（輸入材料が不足し、したがって都市の販売可能な工業製品の種類と量も欠けているため）他の財との交換で市場に食糧を売る通常のインセンティブがない。工業人口は、食糧不足のために体力を維持できず、材料がないために生計を立てられず、したがって、自国での生産不足を外国からの輸入で補うこともできない。

だがフーヴァー氏によると、「ヨーロッパの人口は、輸入なしでは1億人以上を支えられないので、輸出品の生産と流通により生きねばならないのだ」。

外国貿易での生産と交換という永続的なサイクルの復活という問題が出てきたので、ここで必要な寄り道として、ヨーロッパの通貨状況に触れよう。

レーニンは、資本主義システムを破壊する最高の手段は通貨を堕落させることだと宣言したとか。インフレの継続的プロセスを通じ、政府はこっそりとだれにも知られず、市民の富の相当部分を収奪できる。この手法により、政府は収奪するだけでなく、その収奪を**恣意的**に行える。そして、このプロセスは多くの人々を窮乏させるが、一部の人は実は豊かになる。このような恣意的な富の再分配を見ると、既存の富の分配が持つ平等性についての信頼だけでなく、安心感にも打撃を与える。

この仕組みによって、当然受け取るべきものを超え、予想や欲望すら超えるほどの棚ぼた式の儲けを受け取る人々は、ブルジョワジーの憎悪の対象である「不当利益者」となる。ブルジョワジーのほうは、このインフレ主義のおかげで貧窮化し、その点はプロレタリアートも同じだ。インフレが進行して通貨の実質価値が毎月のように大変動すると、資本主義の最終的な基盤となる借り手と貸し手との永続的な関係はすべて、実に徹底的に崩れてしまい、ほとんど無意味となる。そして、富獲得のプロセスはギャンブルやくじ引きへと堕してしまうのだ。

確かにレーニンの言うとおりだ。社会の既存基盤をひっくり返すのに、通貨を堕落させるほど巧妙で、確実な手法はない。このプロセスは、経済法則の隠れた力をすべて破壊に向かわせ、しかも、その原因を診断できる人間は100万人のうち1人もいない方法で実行するのである。

戦争の後期に入ると、あらゆる交戦国は、必要性のためか無能のためか、ボリシェヴィストたちなら意図的にやりかねないことを実践した。戦争が終わった今になっても、ほとんどの国は弱さのために同じ悪しき行動をとっている。でもそれ以上に、ヨーロッパ諸国の政府はその多くが、現時点で弱腰であるばかりか無謀なやり方で、自分たちの邪悪な手法がもたらす結果のうち、目につきやすいものに対する大衆の怒りを、「不当利益者」として知られる階級に対して向けようとしている。

こうした「不当利益者」というのは大ざっぱに言えば、資本家たちの中の実業家階級だ。つまり、資本主義社会全体における活発で建設的な要素であり、物価が急上昇する時期には望むと望まざるとに関係なく急速に金持ちになるのは仕方がない階級だ。物価が上がり続ければ、在庫を買ったり不動産や工場を持ったりしている商売人はすべて、どうしても利潤を出してしまう。この階級に憎悪をふりむけることで、ヨーロッパ諸国の政府はレーニンの巧妙な頭が意図的に思いついた致命的なプロセスを、さらに一歩先に進めていることになる。

不当利益者は物価高の結果であり、原因ではない。実業家階級に対する大衆の憎悪を、インフレの不可避的な結果である、契約および既存の富の均衡に対する暴力的で恣意的な阻害により、社会の安全性がすでに被った打撃と組み合わせることで、これらの政府は、19世紀の社会経済秩序の継続を迅速な形で不可能としている。だが、それに代わる案は何も持っていない。

このように私たちはヨーロッパで、大資本家階級のすさまじい弱さを目の当たりにしているわけだ。この階級は19世紀の産業的勝利から生まれたもので、ほんの数年前までは私たちの全能の主人のように思えたというのに。

この階級の人々の恐怖と個人的な臆病さは、いまやすさまじいものだし、社会における自分たちの立場や、社会組織における自分たちの必要性に関する自信があまりに下がってしまったので、かれらは恫喝に実に容易に屈してしまう。25年前のイギリスではこんなことはなかったし、今のアメリカでもこんなことはない。かつての資本家たちは自信を持っていたし、社会における自分の価値もまったく疑問に思わず、自分たちがその富を十分に享受して、その権力を無限に行使し続けるのが間違いないと確信していた。

いまやかれらは、あらゆる罵倒を受けるごとに身を震わせる――かれらを親ドイツ派、国際金貸し屋、不当利益家と呼んだだけで、いくらでも身代金を払うからそんな厳しい言い方をしないでくれと言う。自分たち自身の作り出した機関、自分たち自身の作った政府、自分たち自身が所有者である新聞界により、破滅させられ解体されるのに甘んじている。どんな社会秩序も、己自身の手によって消滅する以外の消え方はない、というのは歴史的な事実なのかもしれない。

ロシアでは、血に飢えた哲学者たちの知性主義を通じて革命がもたらされたが、それは私たちにはあまりに残虐で自覚的すぎる。もっと複雑な西ヨーロッパの世界では、内在的な意志［訳注：トマス・ハーディの考案した概念で、世の中を律する盲目的で無意識的な力］はクロッツやロイド・ジョージを通じて、同じくらい不可避的に革命をもたらし、その狙いを実現するのかもしれない。

ヨーロッパの通貨システムにおけるインフレ主義は、とんでもない域にまで進んでいる。交戦国の各政府は、自分たちに必要な資源を借り入れや税金で確保できない、あるいは臆病すぎてそれを実行できないため、不足分を補うために紙幣を刷ってきた。

ロシアとオーストリア＝ハンガリーではこのプロセスが進行しすぎて、外国との貿易において自国通貨が実質的に無価値となるところにまできている。ポーランドマルクは1ペニー半で、オーストリアクローネは1ペニー未満で買えるが、売ろうとしても買い手がいない。ドイツマルクは為替市場で2ペンス未満だ。東ヨーロッパと東南ヨーロッパの他のほとんどの国でも、通貨の実質ポジションは同じくらいひどい。イタリアの通貨はいまだにある程度の規制下にあるというのに、名目価値の半分強にまで下落した。フランスの通貨はきわめて不安定な市場状態を続けている。そしてイギリスのポンドですら、現在の価値は深刻に下がっており、将来の見通しも暗い。

しかし、こうした通貨は外国ではかなり危うい価値しか持っていないものの、国内では、ロシアにおいてすら、購買力を完全に失ったりしたことはない。国による法定通貨に対する信頼という感情は、万国の市民に実に深く植え付けられているので、いつの日かこのお金がかつての価値の、少なくとも一部は回復するはずだと信じずにはいられないのだ。かれらの考えでは、お金自体に価値は内在しており、そのお金が表象していた実質の富がいまや跡形もなく霧散してしまったのだということが、かれらの頭では理解できないようなのだ。

この感情は、政府が国内物価を統制し、法定通貨に多少の購買力を残そうとして実施する各種の法規制により支えられている。したがって、法の力が、一部の商品については当面の購買力を維持し、感情と習慣の力が、特に農民の間では、実際には無価値の紙切れを貯め込む意欲を維持している。

しかし、法の力による価格統制で表現された、通貨の見かけ上の価値を仮定することは、それ自体に、最終的な経済衰退の芽を宿しており、いずれ最終的な供給の源をも干上がらせてしまう。もし労働の果実を、やがて経験から学ぶように、自分の生産物と引き換えに受け取ったものと比肩する価格で、自分の必要なものを買うのに使えないような紙切れと交換するよう強制されたら、その人は自分の生産物を自分のために温存し、それを友人やご近所への贈り物として使ったり、あるいはそれを生産する努力をゆるめたりするだろう。

本当の相対価値ではない価格で商品の取引を強制するシステムは、生産の手控えをもたらすばかりか、最終的には物々交換という無駄と非効率をもたらす。しかし、政府が統制をやめて、物事をなりゆきに任せたら、基本的な商品は金持ち以外には手の届かない価格水準にすぐ達してしまい、お金の無価値ぶりが露呈して、世間に対する詐欺はもはや隠しきれなくなる。

インフレ対策としての物価統制と不当利益者狩りが外国貿易に与える影響は、もっとひどい。自国ではどうあれ、通貨はほどなく外国で実質の水準に達することになり、結果としてその国の内外価格は自然な調整を失う。輸入商品の価格は、現行の為替レートで換算すると、国内価格をはるかに上回るものとなるので、民間の商人による多くの基本財の輸入が完全に止まり、したがって政府が供給せねばならず、これはつまり原価以下の価格で財を再販するということだから、政府はそれでさらに債務不履行へと一歩近づく。ヨーロッパ中のほとんどすべての国が行っているパン補助金は、この現象の主要な事例だ。

ヨーロッパ諸国は、実はそのすべてにおいて同じ悪がもたらす症状別に、2つのグループに分類できる。その差は、その国が禁輸により国際的な取引から切り離されたか、あるいは輸入品の支払いを同盟国の財源に頼っていたかで決まってくる。前者の典型例としてドイツを、後者の例としてフランスとイタリアを挙げよう。

ドイツでの紙幣流通量は、戦前の10倍ほどの水準だ。[2] 黄金で見たマルクの価値は、以前の8分の1くらいになる。黄金で測った世界物価は以前の倍以上になっているので、ドイツ国内のマルク建て価格は、ドイツ国外の物価と適切に連動して調整されているのであれば、戦前水準の16分の1から20分の1であるはずだ。[3]

しかし、実際にはそうではない。ドイツ物価が大幅に上昇しても、たぶん必需商品に関する限り、平均では以前の5倍そこそこという程度だろう。そして、名目賃金水準が同時に、かつ同じくらい暴力的な形で並行して調整されない限り、必需商品の価格がこれ以上上がることはありえない。

既存の調整失敗は（他の障害とは別に）2通りのやり方で、ドイツの経済再建に向けた、基本的な前提となる輸入貿易復活の足を引っ張る。第一に、輸入商品は人口の大多数の購買力を超えるものとなる。[4] このため、禁輸の停止から生じると予想されていた怒涛のような輸入は、実際には商業的に不可能だった。[5] 第二に、商人や製造業者にとって、外貨建ての買い掛けで材料を買って、輸入あるいは製造時点でそれに対してマルク建ての支払いを受ける場合、それがきわめて不確実で、しかも外貨に換金できない可能性さえあるというのは、危険きわまる事業となる。

貿易復活に対するこの後者の障害は、見過ごしがちなものなので、ちょっと注目する価値がある。現時点では、今から3カ月後、6カ月後、1年後にマルクの価値がどうなるかを予測するのは不可能だし、為替市場も何ら信頼できる数字を与えられない。したがって、ドイツの商人は、自分の将来の信用と評判を気にかけるのであれば、ポンドやドルで短期の信用取引を持ちかけられたとしても、それを受け入れたがらなかったり、ためらったりするかもしれない。ポンドやドルの負債ができるが、商品をマルク建てで売る場合、そうしたマルクを負債返済の通貨に交換できるかどうかはきわめて問題となる。事業はその正当な性質を失ってしまい、為替投機でしかないものとなってしまう。為替の変動が、商業の通常の利潤を完全に喰ってしまうからだ。

つまり、貿易復活には3つの異なる障害がある。内外価格の調整不良、運転資本を確保し、通常取引の円環を再始動するための原材料を買うのに必要な外国からの個人信用がないこと、通常の商業リスクとはまったく別に、信用取引を危険または不可能にしてしまう、秩序の崩れた通貨システムだ。

フランスの紙幣流通量は戦前の6倍以上の水準だ。黄金で測ったフランの為替価値は、戦前価値の3分の2を少し下回る。つまり、フランの価値は、通貨量の増大と比例して下がってはいないということだ。[6]

フランスのこのような有利に見える状況は、ごく最近まで同国が輸入品に対して支払いをしておらず、イギリスおよびアメリカ政府からの借款でそれをまかなっていたことから生じている。このため、輸入と輸出の均衡が保たれず、いまや外部からの援助がだんだん打ち切られつつある中で、これがきわめて重要な要因となりつつある。フランスの内部経済と、紙幣流通との見合いで見た物価水準および外国為替レートは、輸入が輸出を上回ることで実現しているが、これは絶対に続きようがない。しかし、この状態を調整するには、フランスの消費水準を引き下げるしかなく、それはごく一時的なものだろうと、かなりの不満を引き起こすだろう。[7]

イタリアの状況も大差ない。紙幣流通量は戦前の5、6倍で、黄金で見たリラの為替価値はかつての半分程度だ。つまり、紙幣流通量に対する為替レート調整は、フランスよりイタリアのほうが進んでいるわけだ。その一方で、イタリアの「目に見えない」歳入は、外国労働者からの送金や観光客による支出からのものだが、これはひどい手傷を負っている。オーストリアの崩壊によって、イタリアの重要な市場が奪われた。そして、外国輸送船やありとあらゆる原材料の輸入に依存しているため、世界物価上昇によって特段の手傷を負いやすくなっている。こうした各種理由から生じた症状として、イタリアは深刻な状況にあり、輸入超過はフランスと同じくらいひどい。[8]

既存のインフレと国際貿易の調整不良は、フランスでもイタリアでも、各国政府の残念な財政ポジションにより悪化している。

フランスでは、課税不足が悪名高い。戦前のフランスとイギリスの予算と１人当たりの徴税額は同じくらいだった。しかし、フランスでは歳出増加を補うための大した努力をしてこなかった。推計によると「戦争中のイギリスでは、１人当たりの税額は95フランから265フランに増えたが、フランスでの税額は１人当たり90フランから１０３フランに増えただけだった」。

１９１９年６月30日に終わったフランスの会計年度で可決された税額は、通常の**戦後**歳出推計額の半分以下だった。将来的な予算は８・８億ポンド（２２０億フラン）を下回ることはありえないし、これを上回る可能性もある。しかし、１９１９〜１９２０年度ですら、税収の推計はこの半分にも満たない。フランス財務省は、このとんでもない赤字を埋める計画も方針も何一つない。あるのはドイツからの賠償金だけで、その規模は当のフランス人ですら無根拠だと知っているものだ。当面は戦争資材とアメリカの余剰物資の売却に助けられており、１９１９年後半ですら、さらなる歳出拡大をフランス中央銀行の紙幣発行で補っても平気だと考えている。[9]

イタリアの財政状況は、フランスのものより少しましかもしれない。戦時を通じて、イタリアの財政はフランスよりもっとしっかりしたもので、増税により戦費をまかなおうという努力はずっと強かった。それでも、首相のニッティ氏は総選挙（１９１９年10月）前に有権者に宛てた手紙で、以下のような絶望的な状況分析を公開しておくべきだと考えた。（１）国の歳出は歳入の3倍ほどにのぼる。（２）鉄道、電信電話など国営工業事業はすべて赤字。国民はパンを高値で買っているが、その高値ですら政府には年間10億ほどの損失となっている。（３）イタリアからの輸出額は、いまや外国からの輸入額のたった4分の1から5分の1でしかない。（４）国の負債は毎月10億リラずつほど増えている。（５）1カ月の軍事費はいまだに戦争の最初の年よりも多い。

フランスとイタリアの予算状態はこんな調子だが、他のヨーロッパ交戦諸国はもっとひどい。ドイツでは帝国と連邦州、地方自治体の１９１９～１９２０年度における歳出合計は２５０億マルクと推計される。このうち、従来からの課税でカバーされる部分は１００億マルク未満だ。これは、賠償金支払いを一切考慮していない。ロシア、ポーランド、ハンガリー、オーストリアでは、そもそも予算が存在するとは真面目に言えない状態だ。[10]

したがって、上述のインフレの災厄は、単に戦争の産物で平和になればそれが治るというものではないのだ。それは継続的な現象であり、終わりはいまだ見えていないのだ。

こうした影響がすべて合わさり、ヨーロッパがすぐに輸入必要品の支払いに必要なだけの輸出の流れを生み出すことができなくなるだけでなく、取引のサイクルを再始動するのに必要な運転資本を確保するために必要となる信用も毀損し、さらにまた、経済法則の力を均衡に近づけるどころか、さらに均衡から外れるようにふりまわすことで、現状からの回復どころか現状の継続を後押ししてしまうのだ。

私たちが直面しているのは、内紛と国際的な憎悪、争い、飢え、収奪し、ごまかしによって引き裂かれた、無能で、失業者を抱え、秩序が崩壊したヨーロッパなのである。多少なりとも陰気でない絵姿など、どこを見れば可能だというのか？

本書では、ロシア、ハンガリー、オーストリアにはあまり注目してこなかった。[11]それらの国々では、暮らしの悲惨さと社会の崩壊があまりに悪名高く、分析するまでもない。そしてこれらの国々はすでに、ヨーロッパの他の国々にとってはまだ予測でしかないものを、すでに実際に体験しているのだ。

とはいえ、これらの諸国は、広大な領土と多大な人口を擁しており、人がどれだけ苦しむことができるか、どれだけ社会が崩れることができるか、ということの実例なのだ。何よりもこれらの国々は、危機の最終段階において、肉体の病が心の病へと転化する様子を示している。経済的な欠乏はゆっくりとしか進行しないし、人々が黙ってそれに耐えている限り、外部世界はほとんどそれを気にもとめない。肉体的な能力と、病気への抵抗力がゆっくりと衰えるが、[12]生命は何とか続いていく。しかし、人間の忍耐がついに限界に達して、無気力から絶望と狂気に促されて、それに続く危機がやってくる。そのとき人は奮い立ち、習慣の軛がゆるむ。観念の力こそが主権者なのであり、人は虚空からもたらされる希望、妄想、復讐のあらゆる指示に従って行動してしまう。

執筆時点で、ロシアのボリシェヴィズムの炎は少なくとも今のところ、燃え尽きたようではあるし、中央ヨーロッパや東ヨーロッパの人々は恐ろしい麻痺状態にある。最近収獲された農作物で最悪の欠乏は避けられたようだし、パリでは講和が宣言された。しかし、冬が近づいている。人々は何ら将来に期待するものもないし、希望を養うための材料もない。冬の厳しさを和らげる燃料はほとんどないだろうし、都市住民の飢えた肉体を慰めるものもない。

しかし、人間の忍耐力がこれ以上どこまで保つのか、あるいは、最終的に不幸から逃れようとして人間がどんな方向性を追い求めるか、だれにわかるものか？

第7章 修正案

Chapter VII. Remedies

話が大きくなると、真の全体像を見失わずにいるのは難しい。私はパリ会議の作業を批判し、ヨーロッパの現状と見通しについて陰気な様相を描き出した。これは現状の一側面であり、私としては正しいものだと思っている。しかし、これほど複雑な現象において、予想がすべて1つの方向しか指し示さないはずもない。そして、ひょっとすると関連する原因がすべて網羅されていないのに、そこから結果があまりに迅速かつ不可避的に生じると思ってしまう誤謬を犯すこともある。見通しのあまりの暗さそのものが、その精度を疑問視する理由にもなる。あまりに嘆かわしい描写を前に、私たちの想像力は刺激されるより鈍らされてしまい、私たちの心は「ひどすぎて事実とは思えない」と感じるものからは顔を背けてしまう。

しかし、読者がこうした自然な反応に流されすぎたり、この章で意図しているように、修正方法や緩和策、もっと幸せな傾向の発見へと私が導く前に、2つの対比する国を思い起こすことで、読者の思考のバランスを回復していただこう——それは、イギリスとロシアだ。片方はあまりに楽観論を促しかねないが、もう片方は大災厄がいまだに起こりうるし、現代社会がきわめて大きな邪悪から完全に逃れているわけではないことを思い出させてくれる。

本書の各章で、私は全般にイギリスの状況や問題は念頭に置いていない。私の語る「ヨーロッパ」は、普通はブリテン諸島は除くものと解釈してほしい。イギリスは変化の渦中にあり、その経済問題は深刻だ。私たちは、社会産業構造の大変化の直前にいるのかもしれない。

この見通しを歓迎する国民もいれば、嫌悪する者もいるだろう。しかし、それはヨーロッパにのしかかる問題とはまるで別種だ。イギリスでは、大災厄の可能性はまったくないし、社会全体の大変動の真剣な可能性など皆無だと思う。戦争で貧しくはなったが、深刻なほどではない──1919年の実質国富は、1900年時点のものと少なくとも同じくらいだ。貿易収支は赤字だが、その再調整によって、経済生活が混乱必至というほどではない[1]。財政赤字は大きいが、しっかりした真面目な政治運営で埋められないほどではない。

労働時間の短縮で生産力は少し落ちたかもしれない。しかし、これは移行期の特徴であると考えても過大な希望ではないはずだ。イギリスの労働者を知る人なら、もしかれらが適合し、自分の生活条件を気に入り、そこそこ満足しているなら、以前の長い労働時間で生産していたものと少なくとも同じくらいを、短い労働時間でも作り出せるはずだと疑うはずもない。

イギリスにとって最も深刻な問題は、戦争によって先鋭化はしたが、その起源はもっと根本的なものだ。19世紀を動かしていた様々な力は、すでに最後を迎えて尽きてしまったのである。かの世代の経済的動機や理想は、もはや私たちが満足できるものではない。私たちは新しい道を見つけ、再び新産業の誕生に伴う違和感と、最後には激痛に苦しまねばならない。これが1つの要素だ。もう1つの要素は、私が第2章で細かく検討したものだ──食糧の実質価格上昇と、世界人口増大に対する自然の反応逓減だ。この傾向は、最大の工業国であり、食糧を輸入に大きく依存している国々で、特に大きな損失をもたらす。

しかし、こうした長期的な問題は、いつの時代でも逃れられない種類のものだ。中央ヨーロッパの人々を苦しませかねない問題とはまるで次元が違う。馴染み深いイギリスの状況を主に念頭に置いている読者は、その楽観論に耽溺しがちだろうが、そういう人々や、さらに直接の周辺環境がアメリカであるような人々はなおさら、ロシア、トルコ、ハンガリー、オーストリアに思いを馳せるべきだ。

そこでは人間が苦しむ最も悲惨な物質的な邪悪――飢餓、寒さ、病気、戦争、殺人、無法状態――が実際に現在経験されているのだ。かれらの不幸の性質を理解し、そしてそれがさらに広がるのを防ごうと思うなら、是非それを考えてほしい。そうした悲惨のさらなる拡大に対する対処方法がもしあるなら、それを探すことこそが間違いなく私たちの義務であるはずだ。

では、何をすべきだろうか？　本書のとりあえずの提案を見て、不十分に感じる読者もいるだろう。しかし、休戦に続く6カ月間で、パリでは機会が見過ごされてしまったし、今から私たちが何をしても、当時行われた悪事を修復はできない。すさまじい窮乏と大いなる社会リスクが、もはや避けられなくなっている。いまや私たちに可能なのは、力の及ぶ範囲において、現在の出来事の根底にある基本的な経済的傾向の流れを変え、ますます不幸の深みに導くのではなく、繁栄と秩序の再確立を支援するようにすることだけだ。

まず、パリ会議の雰囲気と手法から脱却しなければならない。会議を牛耳った者たちは、世論の突風の前にならば頭を垂れても、絶対に私たちをこの困難から連れ出してはくれない。四人会議が自分たちのたどった道をやりなおすなど、もしかれらがそれを望んだとしても、まったく期待はできない。だから既存のヨーロッパ各国の政権交代が、ほぼ不可欠な前提となる。そこで、ヴェルサイユ平和条約が維持できないと考える者に対し、以下の見出しの下に、1つのプログラムを論じてみよう。

（Ⅰ）条約の改訂。

（Ⅱ）連合国側内部の負債整理。

（Ⅲ）国際融資と通貨改革。

（Ⅳ）中央ヨーロッパの対ロシア関係。

Ⅰ　条約の改訂

条約改訂を可能にする制度的な手法はあるのだろうか？　ウィルソン大統領とスマッツ将軍は、国際連盟憲章を確保するほうが、条約の残り部分にある多くの悪よりも重要なのだと信じ、ヨーロッパにおけるもっと耐えやすい生活への段階的な進化のためには、国際連盟をあてにすべきだと示唆している。

平和条約の署名にあたっての声明で、スマッツ将軍はこう書いた。「領土面の決着には、改訂が必要になる。決められた保証の中には、新しい平和的な感情や非武装国家となった旧敵国とは調和しないことが、すぐに明らかになると万人が期待しているものもある。処罰の一部は、もっと落ち着いた雰囲気になれば、忘却のスポンジを適用したくなりそうな予兆がある。定められた賠償の一部は、実施すればヨーロッパの産業復興に大きな損傷を与えてしまうので、もっと耐えやすく穏健なものに変えるのが万人の利益となる。（中略）私は国際連盟がこれから、この戦争による荒廃からヨーロッパが離脱する道を示してくれるものと確信している」。

1919年7月に、この条約を上院に提示したときのウィルソン大統領の説明では、国際連盟なしには「（前略）ドイツが次世代のうちに完了させるべく実施する賠償責務を長期的に継続する監督作業が、完全に崩壊しかねない。[2] 平和条約が定めた実施面での取り決めや制約の中で、国際連盟が長期的な利点をもたらさない、またはあまりに長期の適用が完全に公平とは言えないと認識したものについての見直しと改訂も、（国際連盟なしには）不可能となる」。

国際連盟の働きにより、その主要な考案者2人が期待しろと述べる便益は、公平な期待を持って確保が見込めるだろうか？　関係する一節は、国際連盟の憲章19条にある。

「総会はときに応じて、国際連盟の加盟国に対し、適用不可能となった条約の再考や、継続すれば世界平和を脅かしかねない国際状況の検討を提言できる」。

だが残念！　5条によれば、「本憲章内または現在の平和条約の条項で明示的に述べられている場合を除き、すべての総会や理事会における決定はその会合で代表されている国際連盟加盟国全員の合意を必要とする」。この条項は、平和条約の条項のどれであれ早期に再考するという点に関する限り、国際連盟を単に時間を無駄にする機関にしてしまうのではないか？　もし平和条約に関係するすべての関係国が、ある特定の形で条約に変更が必要だという意見を全員一致で持っているのであれば、それを実施するのに国際連盟だの憲章だのは必要ない。国際連盟の総会が全会一致の場合ですら、できるのはことさら影響を受ける加盟国に対して再考を「提言」することだけなのだ。

しかし、と国際連盟の支持者は言うだろう。国際連盟は世界の世論に対する影響力を通じて機能するのであり、多数派の見方は制度的には何の力もなくても、実際には決定的な重みを持つのだ、と。そうであることを祈りたい。だが、訓練を積んだヨーロッパの外交主義者の手にかかれば、国際連盟は妨害と遅延のまたとない道具になりかねない。条約の改訂は、主に国連理事会（これはひんぱんに会合を開く）にではなく、総会に権限が与えられており、こちらは会合がずっと少なく、そして大規模な連合国同士の会合の経験があればだれでもわかるはずだが、多言語での論争を繰り広げる手に負えない集団となり果てうる。そこでは、最高の決意と最高の運営手法ですら、現状維持を支持する反対勢力に対して、問題の適切な説得に完全に失敗するのは間違いない。

実際、憲章には2カ所、致命的な汚点が存在する——全会一致を決めた5条と、そして多くの批判を浴びた10条だ。10条では、「国際連盟の加盟国は、国際連盟のあらゆる加盟国の領土的な保全と既存の政治的独立を尊重し、それに対する外部からの侵略に反対を維持するものとする」とされる。この2つの条文を合わせると、進歩の道具という国際連盟の理念はかなり破壊されてしまい、国際連盟は当初からほとんど致命的なほど現状維持に偏る。

これらの条項があるおかげで、国際連盟の当初の反対国の一部は懐柔されたのだが、そうした国々はいまや敵国の経済的荒廃永続化と、自分たちが自力でこの講和により確立したと思っている自国利益にかなう勢力均衡の永続化実現のために、新たな神聖同盟として国際連盟を使おうと思っているのだ。

だが、条約改訂という特別な問題において、「理想主義」のために状況の現実的な困難から目を背けるのは誤りであるし愚かしいが、だからといって、国際連盟を否定すべきだという理由にはまったくならない。世界の叡智は今後、国際連盟を平和のための強力な装置に変えるかもしれないし、11条から17条[3]は、すでに偉大で有益な業績を実現している。

だから私としては、平和条約改訂の最初の努力は、他のどんな形よりも、国際連盟を通じて行うのが望ましいという点には合意する。一般的な世論の力と、必要なら金銭的な圧力や金銭的なエサの利用だけで、頑固な少数派が反対票を投じる権利行使を防ぐのに十分かもしれないと希望するからだ。主要な連合国に誕生すると私が想定する新政権が、その前任政権よりも深遠な知恵と大きな寛大さを見せてくれると私たちは信じねばならない。

4章と5章で、平和条約に不適切な部分が個別には無数にあることを見た。ここでは詳細に入り込まないし、平和条約の条項を1つ1つ改めもしない。ヨーロッパの経済生活に必須となる3つの大きな改訂、つまり賠償、石炭と鉄鉱、関税だけに議論を限る。

賠償――

賠償として要求される金額が、連合国の約束の厳密な解釈に基づいて受け取れるはずの金額より少なければ、その内訳明細を述べたり、金額をどう計算したかの説明を行ったりする必要はない。したがって、以下のような解決案を提案する。

（1）ドイツが賠償および占領軍費用として支払うべき金額は、20億ポンドで固定する。

（2）平和条約で定めた商船や海底ケーブルの供出や、休戦条約下の戦争資材、割譲した領土における国家資産、そうした領土における公的負債に対する取り分、ドイツの旧同盟国に対する債権受益権の供出は、全部まとめて5億ポンドの価値として認識し、個別に評価しようとしないこと。

（3）その差額となる15億ポンドは、返済までに金利はつかないものとし、1923年から毎年0・5億ポンドずつ30年にわたりドイツが支払うことにする。

（4）賠償委員会は解体し、あるいはそれが行うべき仕事が残っている場合には、国際連盟の付属機関にして、ドイツや中立国の代表も参加させる。

（5）ドイツは毎年の支払分を捻出するにあたり、その手段は同国が適切と思う手段を好きに使える。支払義務を果たさなかった場合の苦情は、国際連盟に対して申し出る。つまり、ドイツの外国民間資産をこれ以上収用したりしない。ただし、そうした資産のうちすでに売却されたものの売却益からドイツの賠償義務を支払うのに必要な分をまかなう場合や、すでに連合国やアメリカの公的信託人や敵国資産信託人の管理下にある場合は除く。さらに２６０条（公益事業におけるドイツの保有分を収用すると定めたもの）は廃止する。

（6）オーストリアからは、賠償金支払いを一切引き出そうとしてはならない。

石炭と鉄鉱――

（1）第5付属書の下で、連合国に与えられた石炭に対するオプションは放棄されるべきだが、フランスの炭鉱破壊による損失をドイツが補う義務については残すべきである。つまり、ドイツは「フランスに10年を超えない期間にわたり、ノールとパ・ド・カレー県で戦争の結果として破壊された炭鉱における戦前の年間生産量と、同じ地域にある炭鉱で同じ期間の石炭採掘量との差を供給するべきである。この供給量は最初の5年については、いずれの年でも２０００万トンは超えず、その後5年のいずれの年でも８００万トンは超えないものとする」。それでも、国民投票の結果としてドイツから上シレジアが奪われた場合には、この義務は消えるべきだ。

（2）ザール地方に関する取り決めは維持する。ただし、一方でドイツは鉱山に対する支払いを一切受け取らず、10年が経過したら鉱山と領土を支払いなしに無条件で取り戻すものとする。同時にフランスがドイツと協定を結び、同じ期間にドイツに対してロレーヌ地方から、戦前に同地方からドイツ本国に運ばれていた鉄鉱石の少なくとも50パーセントを提供し、これに対してドイツはロレーヌ地方に対してドイツ本国からロレーヌ地方に以前送られていた石炭の量から、ザール地方の産出分を差し引いた分を提供し続けるという条件を課す。

（3）上シレジアに関する取り決めは維持する。つまり、住民投票が行われるべきで、最終決定に達するにあたり、「その投票により示された住民たちの願いと、その地域の地理的・経済的条件について（主要同盟および連合国は）考慮する」。ただし、連合国は、住民たちの願いが正反対のものだと示されない限り、「経済的条件」の判断では、ドイツの炭鉱地区に含まれなければならないと宣言すべきだ。

（4）連合国がすでに設立した石炭委員会は国際連盟の付属機関になり、ドイツや他の中央ヨーロッパ、東ヨーロッパ諸国、北部中立国、スイスの代表を参加させるよう拡大すべきである。その権限は助言だけだが、ドイツ、ポーランド、旧オーストリア＝ハンガリー帝国の主要部分、さらにイギリスの輸出可能な余剰分まで含む石炭供給の分配にまで扱う範囲を広げるべきだ。委員会に議席を持つすべての国は、独立性と重要な利害の許す限り、この委員会に最大限の情報を提供する。

関税——

自由貿易連合が国際連盟の傘下で設立されるべきであり、参加国はその連合の他の参加国の生産物に対し、保護主義的な関税[4]を一切かけないことにする。ドイツ、ポーランド、旧オーストリア＝ハンガリーとトルコ帝国の諸国は10年にわたりこの連合に従い、その後はその取り決めを守るかは各国の判断に任せる。他の国が準拠するかは、当初から各国の自主性に任せる。しかし、少なくとも、イギリスは創設参加国になることが期待される。

＊　＊　＊　＊　＊

賠償金支払いをドイツの支払能力の範囲に十分収めることで、ドイツ領内の希望と事業意欲の可能性を創り出し、実現不可能な条約条項から生じる永続的な摩擦や不適切な圧力を避けられるし、賠償委員会の耐えがたいほどの権限も不要になる。

石炭に直接的・間接的に関係する条項を緩和し、鉄鉱石と石炭の交換を行うことで、ドイツの工業生活継続が許容され、そうしない場合に、政治的な国境の介入が鉄と鉄鉱産業の自然的立地を妨げることから生じる、生産性低下も限定できる。

提案した自由貿易連合により、社会組織と経済効率の低下の一部が回復される。そうしないと、貪欲で嫉妬に満ちた、未成熟で経済的にも不完全な国粋主義国家の間に作られている無数の新たな政治的国境線のせいで、そうした効率低下が必ず生じるのだ。経済的国境は、少数の大帝国が広大な領土を擁している限りは容認できた。しかし、ドイツ帝国、オーストリア＝ハンガリー帝国、ロシア帝国、トルコ帝国がそれぞれ独立国20個に分割されてしまったら、容認しがたいものとなる。

中央ヨーロッパ、東ヨーロッパ、東南ヨーロッパ、シベリア、トルコ、（そして願わくば）イギリス、エジプト、インドの全体をカバーする自由貿易連合なら、国際連盟自体よりも世界の平和と繁栄に大きく貢献するかもしれない。ベルギー、オランダ、スカンジナビア、スイスも早い時期に参加すると思っていいだろう。そして、フランスとイタリアも何とか参加に向かうことを、両国の友人たちは大いに期待したいものだ。

たぶん一部の批判者は、こうした仕組みが、かつてのドイツによる中央ヨーロッパ圏という夢を、ある程度実現する方向に実質的に向かわせているのでは、と言うだろう。もし他の諸国が自由貿易連合に参加せず、ドイツにあらゆる有利性を与えてしまうほど愚かなら、この主張にもなにがしかの真実があるかもしれない。しかし、どの国も参加機会があり、特別扱いの国が1つもないような経済システムは、間違いなく排除と差別による特権的で露骨に帝国主義的な仕組みという反対論からは、絶対的に逃れているはずだ。こうした批判に対する私たちの態度は、将来の国際関係と世界平和に対する道徳的感情的反応すべてにより決まってくるはずだ。

もし今後少なくとも一世代にわたり、ドイツにはほんの慎ましい繁栄すら与えるわけにはいかないという見方をするのであれば、そして近年の連合国はすべて光の天使のごとき存在であり、近年の敵となったドイツ人、オーストリア人、ハンガリー人などは悪魔の子どもだという見方をするのであれば、そして今年も来年もずっとドイツは貧窮させ、その子どもたちは飢えさせ傷つけねばならず、敵により取り囲まれねばならないという見方をするのであれば、その場合には本章の提案すべてを却下するしかない。特に、ドイツがかつての物質的繁栄の一部を取り戻し、都市部の工業人口が生計を立てる手段を回復させるような提案は認めるわけにはいかないだろう。

しかし、諸国民とその相互の関係について、こんな見方が西ヨーロッパの民主国家により採用され、アメリカがそれに資金をつけるのであれば、もうお先真っ暗だ。意図的に中央ヨーロッパの貧窮化を目指すのであれば、あえて予言するが、復讐心が薄れることはないだろう。そうなれば、反動勢力と、革命という絶望的な痙攣との最終的な内戦を先送りできるものは、何もなくなってしまう。その争いに比べれば、今次のドイツ戦争の恐怖など無の中にかき消えてしまうだろうし、だれが勝利するにしても、私たちの世代の文明と進歩は破壊されてしまう。

結果が意に染まぬものだったとしても、私たちはもっとよい期待に基づいて行動すべきではないだろうか。すなわち、一国の繁栄と幸福は他の国の繁栄と幸福を促進すると信じるべきではないだろうか。そして、人類の連帯はおとぎ話などではなく、ある国民は今でも他の国民を同胞として扱えると信じるべきではないだろうか?

これまで提案したような改訂は、ヨーロッパの工業人口が生計を立て続けられるよう、それなりの効果をもたらすだろう。だが、それだけでは十分ではない。特に、フランスは紙の上では損をしてしまう（あくまで紙の上での話だ。というのも、どうせ、今の賠償金の受け取り予定額なんか全額受け取れるわけがないのだから）ので、それにより失われた面子を、何か別の方向で回復させることが必要だ。

そこで、次の提案に進もう。第一に、アメリカと連合国がお互いに持っている借金の調整だ。そして第二に、ヨーロッパが流通資本のストック再生のために十分な融資を提供する方法だ。

Ⅱ　連合国側内部の負債整理

賠償条件の改訂を提案するにあたり、ここまではドイツとの関連でしか考えてこなかった。しかし、公正性の観点から見て、これほど賠償額を大幅に減らすなら、同時に連合国内でもその分け前の調整が必要だ。私たちの政治家が戦時中にあらゆる壇上で行った宣言などの考慮事項を考えれば、敵の侵攻により被害を受けた地域はどうしても優先的に補償を受けるべきだ。これは戦争の最終目的の1つだと言われてきた。しかし、家族別離手当の回収を戦争の最大の目的に含めたことなどない。したがって、私たちは行動により自分たちが誠実で信頼できる存在だと証明すべきだ。そしてそれに応じ、イギリスは現金支払いの受け取り権をすべて放棄し、その分をベルギー、セルビア、フランスに分け与えよう。

するとドイツによる支払いの全額は、敵国による実際の侵略に苦しんだこれらの国々や地方の、物質的な損害修復の前払い費用を埋めるためのものとなる。賠償で得られる15億ポンドという金額は、復興の実際の費用をすべてカバーするに十分なものだと私は思う。また、金銭補償の請求権を完全に放棄しなければ、イギリスは曇りなき立場から条約の改訂を要求できないし、また信義の違反による不名誉もぬぐい去れない。その不名誉は、1918年総選挙で有権者に約束した政策の結果として実施されたのだから、イギリスが最大の責任を負うものなのだ。

賠償問題がこうして片付いたら、今度は他の2つの金銭的な提案も、成功の望みを持った状態で堂々と論じられる。そのどちらも、アメリカに負担をお願いするものとなる。

最初のものは、戦争のために生じた連合国同士の負債（つまり同盟および連合諸国の政府間同士の負債）をすべて白紙にする、というものだ。この提案は一部ではすでに提起されているが、私は世界の将来的な繁栄のためには絶対不可欠だと思っている。この提案の採用に主に関わる列強であるイギリスとアメリカにとって、これは広い視野を持つ政治手腕の発揮となる。関連する金額の概数は次の表に示した。[5]

つまり、連合国同士の負債総額は、ある国からの負債を別の国への負債で相殺しない場合、40億ポンド近くになる。アメリカは貸しただけ。イギリスは借りた額の倍ほど貸している。フランスは、貸した額の3倍ほどを借りている。他の連合国は借りているだけだ。

以上の連合国同士の負債をすべて相互に免除するなら、紙の上での結果（つまりすべての負債が健全だとして）は、アメリカが20億ポンドほど債権放棄、イギリスは9億ポンドの債権放棄となる。フランスは7億ポンドの利益、イタリアは8億ポンドほどの利益となる。しかし、この数字はイギリスの損失を過大に見せ、フランスの利得を過少に示している。

（単位：100万ポンド）

融資先	融資元			
	アメリカ	イギリス	フランス	合計
イギリス	842	....	....	842
フランス	550	508	....	1,058
イタリア	325	467	35	827
ロシア	38	568[6]	160	766
ベルギー	80	98[7]	90	268
セルビアとユーゴ＝スラビア	20	20[7]	20	60
その他連合国	35	79	50	164
合計	1,890[8]	1,740	355	3,985

というのも、両国による融資の相当部分はロシアに対するもので、これはいかに想像力豊かに考えてみたところで、不良債権化しているのは間違いないからだ。連合国に対するイギリスの融資が、額面の50パーセントの価値を持つとすれば（この数字は無根拠だが便利な想定であり、イギリス財務相は国民バランスシート推定のため、これよりマシな数字がないという理由でひとたびならず使ってきた）、この債権放棄の結果としてイギリスは損も得もしないことになる。だが、紙の上で相殺した純額がどう計算されようと、こうしたポジションの清算に伴う不安からの解放は、きわめて大きなものとなる。だからこの提案は、アメリカに鷹揚さをお願いするものとなる。

戦争中を通してイギリス、アメリカ、他の連合国の財務省の関係についてのきわめて詳細な知識をもとに言わせてもらうと、私はこうした鷹揚さは、ヨーロッパが文句なしに求めてよいものだと思う。ただし、そのためには、ヨーロッパは経済面であれその他の面であれ、戦争を継続しようとせず、大陸全体の経済的復興を実現しようという努力を見せる必要がある。

アメリカの財政的な犠牲は、富の規模見合いで言えば、ヨーロッパ諸国のものよりもすさまじく小さい。もちろんそれは当然の話だ。この戦争はヨーロッパ内の争いであり、アメリカ政府はそれに対してヨーロッパ人のように全国民の力を動員するのを、国民に対して正当化できたはずもない。アメリカ参戦後、同国の財政支援は豊富で糸目をつけないものであり、この支援なくして連合軍は決して戦勝できなかったはずだ。[9] これは、アメリカ軍部隊の到来という決定的な影響とはまったく別の話となる。

またヨーロッパは、1919年前半に、フーヴァー氏とアメリカ救援委員会を通じて提供された、すさまじい支援を決して忘れてはならない。これほど利害を度外視した善意による貴い仕事が、これほどのこだわりと誠意と技能を持って実施されたことはないし、それに対して何ら謝意が要求されないばかりか、だれもお礼を述べないというのも初めてだ。恩知らずなヨーロッパ諸国の政府は、フーヴァー氏とそのアメリカ人労働者一団の国士ぶりと洞察に実に多くを負っているのだが、それに感謝したこともないし、この先も礼など言うまい。

あの数カ月におけるヨーロッパの立場の真の全体像を見通し、男らしくそれに立ち向かったのは、アメリカ救援委員会であり、かれら以外のだれでもなかった。大量の人々の苦しみを救ったばかりか、ヨーロッパシステムの広範な崩壊を回避させたのは、かれらの努力とエネルギーであり、大統領がかれらの好きに提供したアメリカの資源なのであり、しかもかれらはヨーロッパ側の妨害をはねのけつつ、それをやってのけたのだった。[10]

しかし、このようにアメリカの財政支援について語るとき、私たちがこっそり想定し、そしてたぶんアメリカのほうもお金をくれたときに想定していたのは、それが投資という性格のものではないということだ。もしヨーロッパがアメリカから受けた、20億ポンド相当の財政支援を、5パーセントの複利計算で返済するなら、この話はまったく違った様相を見せ始める。アメリカの資金提供がこういう理解をすべきものなら、同国の財政的な犠牲は確かに実にわずかとなる。

だが、相対的な犠牲についての論争は非常に寒々しいし、また大変馬鹿げてもいる。というのも、相対的な犠牲が等しくなるべき理由などまるでありはしないからだ――両者の間では、実に多くのきわめて関連する検討事項がまったく違っているのだ。したがって、以下に続く2、3の事実が提示されているのは、アメリカ人が支持する納得のいく議論を示しているからではなく、現在の提案をするにあたり、このイギリス人が独自の利己的な観点から、自国の当然負担すべき犠牲から逃れようとしているのではないことを示すためでしかない。

（1）アメリカの参戦後、イギリス財務省がアメリカ財務省から借りた金額は、おおむね**同期間中に**イギリスが他の連合国に貸した金額（つまり、アメリカ参戦以前の融資額は除く）で相殺される。だから、イギリスのアメリカに対する負債のほとんどは、自分自身のために負ったものではなく、各種の理由でアメリカから直接支援を受けられる立場になかった他の連合国を支援できるようにするためのものだったのだ。[11]

（2）イギリスは外国証券10億ポンド相当を処分し、さらに12億ポンドほど外国から借り入れている。アメリカは売却するどころか、10億ポンド相当を買い戻したので、対外債務はほとんど負っていない。

（3）イギリスの人口はアメリカの半分程度であり、所得は3分の1で、蓄積した富は半分から3分の1の間だ。したがって、イギリスの財政的な能力は、アメリカの4割くらいと考えられる。この数字をもとに、以下の比較ができる。それぞれの場合に連合国への融資を除けば（こうした融資が返済されるという想定に基づけばこれは正しい）、イギリスの戦争支出はアメリカの3倍程度、あるいは財政能力との比で言えば7、8倍だ。

この問題を手早く片づけたので、各関係国が先の戦争と将来的にどう関わるかという、もっと広い問題に移ろう。現在の提案は主にそれに基づいて判断されねばならない。

今提案したような清算がなければ、戦争はこちらの連合国からあちらへと支払うべき重い貢納金のネットワークを残して終わることになる。この貢納金の総額は、敵国から得られる金額を上回りさえしそうだ。そして戦争は、連合国が敵国から債務返済を受け取るかわりに、お互いがお互いに債務返済を支払い合うという耐えがたい結果で終わることになる。

この理由から、連合国同士の負債問題は、ヨーロッパ連合国の間で負債返済の問題に関する強い国民感情と密接に絡み合っている。その感情は、ドイツが何かもっともらしい計算に基づいて実際に払えそうな金額に基づくものではまったくなく、ドイツが払わなければこうした国々が置かれる耐えがたい財政状況についてのしっかりした理解に基づいたものだ。

極端な例としてイタリアを考えよう。イタリアが本当に８億ポンド払えると期待できるなら、当然ドイツはもっと桁違いの高い数字が支払えるはずだし、そうすべきだ。あるいは、オーストリアがほとんど何も払えないということになれば（たぶんそのとおりだ）、イタリアは山ほどの債務に押し潰されそうになるのに、オーストリアは見逃されるというのは耐えがたい結論ではないか？　あるいはちょっと違う言い方をすると、イタリアがこれほどの大金支払いを強いられるのに、チェコスロバキアは少額かゼロの支払いですむのを見過ごさねばならないのか？

その反対側の極にはイギリスがいる。こちらでは財政状況は異なっている。イギリスに８億ポンド払えというのは、イタリアにそれを要求するのとはまったく話が違う。だが、感情はおおむね同じだ。もし、私たちがドイツからの補償金総額を得られずに満足せねばならないなら、アメリカへの全額返済に反対する抗議は実に苦々しいものとなるだろう。われわれはドイツやフランス、イタリア、ロシアといった破産した国々に対する債権で満足しなければならないのに、アメリカときたらわれわれにいちばん抵当を設定しやがった、と言われることだろう。

フランスの場合も同じかそれ以上に悲惨だ。フランスはドイツから、農村地帯の破壊に対する弁済すら全額は確保できないかもしれない。それなのに、勝利したフランスは友邦や連合国に対し、１８７０年の敗戦の際にドイツに支払った賠償金の４倍以上を支払わねばならないのだ。連合国や同盟国に比べれば、ビスマルクの取り立てなど軽いものだった。

したがって、敵国からの賠償金取り立てに関する見通しについての真実に嫌でも直面することになる連合国の人々が、そのときに心乱れ絶望してしまわないためには、連合国同士の負債の清算が不可欠な前提となるのだ。

ヨーロッパの連合国が、こうした負債の元利を支払うのが不可能だというのは誇張かもしれない。しかし、支払わせようとすれば、それは間違いなく押し潰されそうな重荷となる。したがって、各国は、何とか支払いを逃れようと絶えずあれこれたくらむだろう。こうした試みは今後何年にもわたり、国際摩擦と悪意の絶え間ない源となる。

債務国は債権国を愛しはしないし、だからこの先、毎年私たちに支払わねばならない返済額のために将来の発展が今後何年も遅れたら、フランス、イタリア、ロシアからイギリスやアメリカに対して善意の感情を期待しても無駄だ。かれらが他の方面に仲間を求める大きなインセンティブになるし、将来の平和的な関係破綻はすべて、対外債務返済を逃れられるというすさまじい利点を伴うことになる。これに対し、もしこうした巨額の債務を免除すれば、最近肩を組んだ国民たちの間に、連帯と真の友情への刺激がもたらされる。

巨額の戦争負債の存在は、あらゆる場所で財政安定性への脅威となる。債務踏み倒しが間もなく重要な政治課題になりそうにない国は、ヨーロッパに1つもない。しかし、国内負債の場合、借り手側と貸し手側の両方に利害を持つ集団がいるし、問題は国内での富の分配だ。対外債務だと話が違う。

債権国の国民はやがて、自分たちの利害が債務国における特定の統治や経済組織の維持と、実に不都合にも不可分になっていると気がつくかもしれない。同盟関係のもつれや連合関係のもつれなど、お金のもつれに比べれば何でもない。

この提案に対する読者の態度を左右する最後の懸念事項は、自国内でも国外でも戦費調達から生じた遺産である、莫大な借用証のもつれあいが、世界の進歩において将来はどんな地位を占めるかという見方に左右される。戦争は、だれもがだれもに対し、大金を借りた状態で終わった。ドイツは同盟国に大金を負い、連合国はイギリスに大金を負い、イギリスは大金をアメリカに負っている。各国で戦争債の保有者は、国に巨額のお金を貸しており、その国は今度はそうした保有者や他の納税者に大金を負っている。

そうしたポジション全体は、極度に不自然で、誤解を招き、わずらわしいものだ。こうした借用証のくびきから手足をふりほどかない限り、二度と身動きが取れなくなる。全般的に借用証を焼き捨てる焚き火の必要性があまりに大きいため、だれにも深刻な不正が生じないような、落ち着いたやり方でそれを実施しない限り、それがついに起こった暁には大紛争へと発展し、他に様々なものを大量に破壊しかねない。国内負債について言えば、私は負債を帳消しにするための資本課税が、ヨーロッパの交戦国すべてにおけるしっかりした金融の、絶対的な前提条件だと信じている者の1人だ。しかし、政府間の巨額の債務を継続すると、独自の特別な危険が生じるのだ。

19世紀半ば以前は、どんな国も外国に対して大した規模で借金などしていなかった。例外は、実際の軍事占拠による強制的に徴収される支払金や、一時は封建主義の規定の下で不在領主が集めたりするような貢納金の場合だけだ。確かに、ヨーロッパ資本主義が新世界に市場を見つける必要があったために、いまや相対的には慎ましい規模だとはいえ、アルゼンチンのような国々がイギリスのような国々に年次の支払義務を負うことになった。

しかし、このシステムは脆弱だ。それが生き残ったのは、これまで支払う側の国の負担が耐えがたいほどではなかったからで、それはこの負担が実物資産に基づくものであり、一般に財政制度と絡み合っていたからだ。そして、すでに融資された金額は、まだこの先借りようと思っている金額と比べれば不当には大きくなかったからだ。

銀行家はこのシステムに慣れており、それが社会の永続的秩序に不可欠な一部と思っている。だからかれらは、この制度になぞらえる形で、似たような政府間のシステムが、はるかに莫大で、間違いなく耐えがたい規模で行われ、何ら実物資産の裏付けがなく、財政制度とあまり密接な関係がないのに、自然なものであり、正当であり、人間の天性に反するものでないと信じがちなのだ。

私はこういう世界観を疑問視する。自国内の資本主義ですら、多くの地域で共感を得て、日々の生産プロセスに実質的役割を果たし、現在の社会組織のあり方の安全性が大きく依存するものではあっても、それほど安全ではない。だがこの点がどうあれ、不満を抱くヨーロッパの人々が、今後一世代にわたり、自分の日々の生産物の相当部分が外国の支払いにまわされるような生活秩序に甘んじるだろうか？　しかもその支払いの理由は、ヨーロッパとアメリカの間だろうと、ドイツとその他ヨーロッパの間だろうと、人々の正義や義務の感覚から納得のいく形で出てくるものではないというのに？

一方でヨーロッパは、長期的には自分自身の日々の労働に頼らねばならず、アメリカの気前よい援助にいつまでも頼るわけにはいかない。だがその一方で、日々の労働の果実がどこかよそに行ってしまうとなれば、各国民は特にやる気も出ないだろう。要するに、こうした負債はどれも、支払い続けられるとは思えないし、せいぜいほんの数年ほど支払いが続くだけだろう。それは人間の性質に合わないし、時代精神とも合致しないのだ。

こうした考え方に少しでも説得力があるならば、それを利便性と気前よさの合わせ技で実施すべきであり、国民同士の即座の友情を最もよく推進する政策は、その資金提供者の永続的な利益に反するものとはならない[12]。

Ⅲ　国際融資

2つ目の財政提案に移ろう。ヨーロッパの要求は今すぐのものだ。今後二世代の生涯にわたる、イギリスとアメリカへの抑圧的な利払いから解放されるという見通し（そして、ドイツから毎年復興費用への支援を少し受け取る見通し）は、過剰な不安から未来を解放する。

しかし、それは目の前の現在の問題には対応できない。その問題とは、ヨーロッパの輸入が輸出を上回っていること、不利な交易条件、通貨の混乱だ。一時的な外部援助なしに、ヨーロッパの生産が再起動するのはとても難しい。だから私は、何らかの形で国際融資を実施する案を支持している。これはフランス、ドイツ、イギリスの多くの方面が支持したもので、アメリカでも提唱者がいる。返済の最終的な責任がどのような形で分散されるにせよ、目先の融資資金を調達する負担は、相当部分がアメリカの肩にのしかかる。

この種のプロジェクトにはなんであれ、おそらく以下のような反対論が出てくるだろう。アメリカは（最近の経験の後で）これ以上、ヨーロッパの出来事に関わり合いになるのは気が進まず、いずれにしても、現状では大規模に輸出にまわせる資本がない。ヨーロッパが資金援助を適切な使途にまわすという保証もないし、それを懐に入れるだけで、2、3年後に今と同じくらいひどい状況のままという可能性だってある。

クロッツ氏は、そのお金を使って課税時期をちょっと先送りするだけかもしれないし、イタリアとユーゴ＝スラビアはその資金でまたけんかを始めかねないし、ポーランドはその収入を使って、近隣諸国に対抗するためにフランスが設計してくれた軍事的役割を果たしかねない。ルーマニアの統治階級は、その儲けを自分たちで山分けしてしまうかもしれない。

要するに、アメリカは自国の資本発展を延期し、自国の生活コストを上げるが、ヨーロッパはそれで1、2年ほど過去9カ月の行動や政策や顔ぶれを維持するだけだというわけだ。そしてドイツへの支援はと言えば、ヨーロッパの連合国はドイツから運転資本を跡形もなく剥ぎ取った挙げ句、パリ会議でのアメリカ財政代表による主張や訴えにもかかわらず、その収奪を1、2年で再開できる程度まで被害国を復興させるための資金をアメリカにたかろうとするのではないか？

現状では、この反対意見に対する答えはない。私がアメリカ財務省で影響力ある立場なら、現在のヨーロッパ諸国の政府のどれ1つに対してだろうと、1ペニーたりとも貸さないだろう。かれらは資源を信託できる存在ではないのだ。その資源を使ってかれらは、大統領がアメリカ国民の意志も理想も主張することができなかったとはいえ、共和党と民主党のどちらもおそらく一致して嫌悪を催すような政策を推進するだろうから。

だが、もしヨーロッパ市民の魂がこの冬に、戦争によって創り出された偶像の死に損ないたちから目を背け、今かれらの心の中に取り憑いている憎悪とナショナリズムのかわりに、ヨーロッパ一家の幸せと連帯という思いと希望を心に抱いてくれるなら（私たちとしては是非ともそうなると祈りたい）――自然な敬虔さと子としての親愛の情がアメリカの人々に対し、私的な利益に基づく小さな反対をすべて脇に置いて、組織化された力の圧制からヨーロッパを救うことで始めた仕事を完了すべく、ヨーロッパをヨーロッパ自身から救うよう、促してくれるのではないか。そして、その心変わりが完全には起こらなくても、そしてヨーロッパ各国で和解政策を主張するのが一部の団体だけだったとしても、アメリカはやはり正しい方向を指し示し、生活を再生する作業のために提供する援助の計画と条件を付けることで、平和派の人々の手を引いてやれるのだ。

聞くところによると、アメリカの心中では現在、こんなもめごとや面倒ごと、暴力、支出、そして何よりもヨーロッパ問題のわけのわからなさから足を洗いたいという衝動が強まっているそうだ。これは実にもっともなことだ。ヨーロッパの政治家の愚行と実務能力の欠如に対して、以下のように応酬するのがいかに自然に思えるか、この著者ほど強く感じている者はいないのだ。――それならば、己自身の悪意の中で朽ち果てるがよい、私たちは自分の道を行く――

ヨーロッパから遠く、その破壊された希望から離れ
死体の戦場と汚れた空気から離れ

だがもしアメリカが一瞬だけでも、ヨーロッパが自分にとってこれまで、そしていまだにどういう意味を持つか思い出すなら、知識と芸術の母たるヨーロッパでいろいろ起こったにしても、それがいまだにどういう存在であり、今後もどういう存在であり続けるかを考えるなら、こうした無関心と孤立の計画を廃して、全人類の進歩と文明にとっての決定的な課題となるかもしれないものに、興味を持ちはしないだろうか？

というわけで、ないものねだりかもしれないが、アメリカがヨーロッパの善良な勢力を築き上げるプロセスに参加の用意があるとしよう。敵国の破壊を完了したのに、私たちを不幸のままに放置はしないと仮定しよう。するとアメリカの援助が取るべき形とは？

私は細部には踏み込まない。しかし、国際融資はすべて、仕組みの主要な概略はだいたい同じだ。支援を提供する立場にある国々、つまり中立国とイギリス、そして必要金額の大部分を負担するアメリカは、ヨーロッパ大陸の交戦国すべてに対し、連合国もかつての敵も区別なしに、対外購買用の資金融資を提供すべきだ。

必要総額は、ときどき言われるほど巨額ではないかもしれない。第一弾として、２億ポンドの資金があればかなりの成果が出るはずだ。この金額は、連合国同士の戦時債務帳消しによって先例が確立されたとしても、いずれ必ず全額返済という明確な理解で貸し借りされるべきだ。この狙いを念頭に置けば、融資の担保は手に入る限り最高のものであるべきだし、その最終的な返済の取り決めはできる限り完璧にすべきだ。

特に、その返済は元利ともに、あらゆる賠償受け取り、あらゆる連合国同士の戦時債務、あらゆる国内戦争融資、その他すべての政府債務よりも優先される。借り手国の中で賠償金受け取り権を持つ国々は、その賠償金収入をすべて、この新しい借り入れの返済にあてると誓うべきだ。そして借り手国はすべて、あらゆる関税収入を黄金に基づいて定め、その受け取りをこの融資の元利返済にあてると約束すべきだ。

この融資を使った支出は、融資国からの、詳細ではなくとも全般的な監督を受けるべきである。

こうした食糧と原材料購入のための融資に加え、同じ金額、つまり2億ポンド（おそらくこのうち現金で確保する必要があるのは一部だけだ）の保証基金を設立する。ここに国際連盟の全加盟国が支払能力に応じて貢献し、これを使って通貨の総合的な再編成が可能になるかもしれない。

このようにすれば、ヨーロッパは希望が息を吹き返し、経済組織を刷新し、その巨額の内在的な富を労働者の利益になる形で機能させうるために必要な、最低限の流動資金が手に入る。現時点では、こうした仕組みをこれ以上細かく考えても無意味だ。本章の提案が実務的な政策の領域に入るまでに、世論の大幅な変化が必要となるし、私たちは事態の進行をできるだけ辛抱強く待ち続けるしかない。

Ⅳ　中央ヨーロッパの対ロシア関係

本書ではロシアにはほとんど触れていない。ロシアでの状況の全般的な性質は強調するまでもないし、細部についてはきちんとしたことは何もわかっていないに等しい。しかし、ヨーロッパの経済状況をどう回復させるかという議論の中で、ロシア問題が決定的な重要性を持ついくつかの側面がある。

軍事的な観点から、ロシアとドイツが最終的に結託するのを大いに恐れる一派があった。これは、両国で反動的な運動が成功すれば実現の可能性がずっと高まるが、レーニンと現在の基本的には中流階級のドイツ政府との実効性ある団結はありえない。一方でこうした団結を恐れる人々は、ボリシェヴィズムの成功をもっと恐れていたりする。それなのに、そのボリシェヴィズムと戦える唯一の効率的な勢力というのは、ロシア国内では反動勢力であり、ロシアの外では確立された秩序や権威を持つドイツ正規軍だけだというのも認めざるをえない。だから、直接間接を問わずロシアへの介入を支持する人々は、絶えず自分自身と矛盾する目的を抱き続けることになる。かれらには、自分が何を求めているかわかっていない。というかむしろ、自分で見ても相反していることがわかってしまうものを欲しがっているのだ。かれらの政策が実に一貫性を欠き、極度に役立たずなのは、これが理由の1つだ。

同様に相反する目的が、現在のドイツ政府に対するパリでの連合国評議での態度にもうかがえる。ドイツでスパルタクス団〔訳注：ドイツ社会民主党の左派過激派。ローザ・ルクセンブルクやカール・リープクネヒトらが率い、後にドイツ共産党となる〕が勝利すれば、まさにあらゆるところでの革命の前触れとなりかねない。それはロシアにおけるボリシェヴィズムの力を刷新し、恐るべきドイツとロシアの団結の先触れとなる。また、平和条約の財政経済条項に基づいて構築された期待は、すべて間違いなく消える。したがって、パリはスパルタクス団を好んではいない。

だがその一方で、ドイツで反動勢力が勝利すれば、だれが見てもヨーロッパの安全保障に対する脅威だし、勝利の果実と平和の基盤を脅かすものだ。さらに、東ヨーロッパに精神的な故郷をブランデンブルクとする新たな軍事勢力が確立し、それが東ヨーロッパや中央ヨーロッパ、東南ヨーロッパの全域から各種の軍事的才能や軍事的冒険者たちや、皇帝を愛惜して民主主義を嫌う者たちを引きつけることになれば、そうした勢力は地理的に、連合国の軍事力の手が届かないものとなる。そうなれば、少なくとも臆病者の予想の中では、新たなナポレオンじみた支配が国際的な軍国主義の灰の中から不死鳥のごとく蘇りかねない。だからパリは、死んでもブランデンブルクなど愛するわけにはいかない。

すると話は、秩序を支持する穏健な勢力の維持ということになる。これは、世界がいささか驚いたことに、いまだにドイツ人の気質という礎石の上で維持され続けているのだ。しかし、現在のドイツ政府はおそらく、他の何よりもドイツ統合のために存在している。平和条約の署名は何よりも、1870年から残された唯一のものである、ドイツ統合を守るために支払う価値のある代償だと一部のドイツ人たちは思っているのだ。

したがってパリは、ライン川をはさんだドイツ分裂の期待がいまだ消えていないとはいえ、この政府に対する侮辱や侮蔑の機会など一切許容する余地はないし、その尊厳の低下や影響力弱体化など一切許容することはできない。この政府の継続的な安定性にこそ、ヨーロッパの保守的利害すべてがどうしても依存しているのだから。

このジレンマは、フランスがポーランドに課した役割を果たすうえで、同国の将来にも影響する。ポーランドは、強力で、カトリック国で、軍国主義で、勝者フランスに忠実な伴侶か少なくともお気に入りでなくてはならず、ロシアの灰燼とドイツの廃墟との間で繁栄し、強大でなければならないとされているのだ。

ルーマニアも、もう少し体面を維持するよう説得さえできるなら、同じ支離滅裂な構想の一部となる。しかし、ポーランドは、同国に隣接する大国がそれぞれ繁栄して秩序を保てない限り、経済的に成り立たない。そこはユダヤ人いじめ以外に産業がないのだから。そして、フランスの魅惑的な方針が純粋な大風呂敷でしかなく、一銭たりともフランスがお金をつける気がないし、栄誉を与えるつもりもないことを知れば、ポーランドは機会さえあればすぐにでも、どこか他国の手中に落ちるだろう。

つまり、「外交」の打算は何の成果も挙げられない。ロシアやポーランド、その近辺についての馬鹿げた夢や子どもじみた陰謀が、いまや最も無邪気な形での興奮を求めるイギリス人やフランス人のお気に入りの耽溺となっており、かれらは外交政策が安手のメロドラマと同じジャンルのものだと信じているか、少なくともそのように振る舞っている。

したがって、もっとしっかりしたものに目を向けよう。ドイツ政府は、ロシアの国内問題には不介入の政策を採り続けると発表した（1919年10月30日）。「これは原理原則に基づく話ではなく、この政策が実務的な観点からも正当化されると考えるためである」としている。私たちも原則としてではなく、少なくとも実務的な観点から、結局は同じ立場に立つと想定しよう。それでは、中央ヨーロッパと東ヨーロッパの今後の関係において、基本的なものとなる経済的要因とは何だろうか？

戦前には、西ヨーロッパと中央ヨーロッパは、輸入穀物の相当部分をロシアから得ていた。ロシアなくしては、輸入国は食糧不足にならざるをえない。1914年以来、ロシアからの供給喪失分は、部分的には備蓄の取り崩し、部分的にはフーヴァー氏の価格保証から生じた、北アメリカにおける収穫急増で埋め合わされてきたが、大半は消費を減らし、生活が欠乏に陥ることで対応されてきた。

1920年以降、ロシアからの供給の必要性は、戦前以上に大きなものとなる。北アメリカの価格保証は打ち切られ、人口は普通に増えるので、1914年に比べると国内需要は目に見えて膨れ上がり、ヨーロッパの土壌は戦前の生産性をまだ回復していないはずだからだ。ロシアとの貿易が再開しなければ、１９２０〜１９２１年の小麦は（異常な豊作でない限り）希少できわめて貴重なものとなる。したがって、最近連合国が宣言したロシアの封鎖措置は、この理由のため愚かしい近視眼的なやり方だ。私たちが封鎖しているのは、ロシアというより自分たちなのだ。

ロシアの輸出を復活させるプロセスは、いずれにしても遅々としたものになるのは確実だ。ロシア農民の現在の生産性は、戦前の規模で輸出できるほどの剰余を生み出すには足りないと思われている。その理由はもちろんいろいろだが、その一部として農業機械やその付属品の不足と、農民が生産物と交換に購入できる商品が町にないため、生産の意欲がわかないことが指摘される。最後に、運輸システムの荒廃があり、これで各地域の余剰を大集散中心地に集めるのが不可能になっている。

このロシアでの生産力の喪失をまともな期間で修復するには、ドイツの事業と組織が間に入るしかないはずだ。地理的にもその他多くの理由からも、イギリス人、フランス人、アメリカ人には不可能だ――そんな作業を十分な規模で実施するだけの意欲も手段もない。これに対しドイツは、ロシア農民が過去５年間、のどから手が出るほど欲しがっていた商品を提供できるし、輸送と作物集めの事業再編の経験も意欲もあるし、そのための原材料もかなり持っている。

つまりドイツは、万人にとって有益な形で、いまや悲惨にも切り離されている供給を世界のプールにもたらせるということだ。ドイツの仲介業者や組織家たちが、あらゆるロシアの農村で、通常の経済的動機の衝動を稼働できるようになる日の到来を加速させるのが、私たちの利益にもかなっている。これはロシアを統治するのがだれか、という問題とはまったく独立したプロセスだ。

しかし、ソヴィエト政府が代表する共産主義形態がロシア人の気質に適したものかどうかによらず、貿易の復活や生活の快適さと通常の経済的動機の復活は、戦争と絶望の子どもである暴力と圧制の極端な形態を促したりしないだろうということは、ある程度の確信を持って間違いなく予想できる。

したがって、対ロシア政策では、ドイツ政府が発表した非介入政策を賞賛して真似るだけでなく、自分自身の永続的な利益を損なうばかりか違法でもある禁輸をやめて、ドイツが再びヨーロッパの中で、東部や南部の隣国のために富を創り出しまとめあげるという地位を占められるよう、奨励して支援しようではないか。

こんな提案に、強い反発を引き起こす人々は多い。私は、そうした反発に屈した場合にどうなるか、頭の中でよく考えてほしいと思う。もしドイツやロシアに対し、その人々や政府に対する民族的、人種的、政治的な憎悪を抱いているからといって、かれらが物質的な福祉を回復できるあらゆる手段に反対したら、そうした感情がもたらす結果に直面する覚悟が必要だ。

ヨーロッパの近しい親戚関係にある各人種の間に道義的な連帯感はないにしても、無視できない経済的な連帯はある。現在ですら、世界市場は1つだ。ドイツにロシアとの生産物の取引を許さず、ドイツが自力で食物を得ることを許さないなら、ドイツは不可避的に新世界の生産物をめぐって私たちと競争しなくてはならない。

ドイツとロシアとの経済関係切断に成功してしまえば、それだけ私たちは自分たち自身の経済水準を引き下げ、自分たちの国内問題をさらに深刻にしてしまうのだ。これは、この問題の最も根底の部分に基づく反対論だ。大国の経済的荒廃をいっそう広め加速する政策への反対論は他にもあり、いかに愚鈍な者でもそれを無視するわけにはいかない。

＊　＊　＊　＊　＊

どこを見ても、突然の劇的な転回の兆候はほとんど見あたらない。暴動や革命はあるかもしれないが、今のところ根本的な重要性を持つようなものになる様子はない。政治的圧制と不正に対してなら革命は武器となる。しかし、経済的欠乏に苦しむ人々に、革命がどんな希望の方針をもたらせられるだろう。それは分配の不公正から生じているのではなく、経済全体のものなのだ。中央ヨーロッパでの革命に対する唯一の防御策は、まさに絶望している人々の心にとってさえ、革命は何ら改善の見通しを与えてくれないという事実そのものなのだ。

だから私たちの先行きには、長く静かな半飢餓のプロセスが待っているかもしれず、生活水準と快適性が徐々に着実に下がることになるかもしれない。その進行を許せば、ヨーロッパの破産と衰退は長期的には万人に影響を及ぼすだろうが、一気にあるいは即座に表れるような影響ではないかもしれない。

これには1つありがたい側面がある。方向性を考え直し、新しい眼で世界を見るための時間がまだあるかもしれないのだ。目先の将来に関しては、現状の出来事が独り歩きしており、ヨーロッパの直近の運命はもはやだれの手にも握られていない。来年の出来事は、政治家たちの意図的な行動では決まらず、政治史の表面の下で絶えず流れる隠れた流れに形成されるのであり、その結果はだれにも予測できない。

この隠れた流れに影響を与える方法は1つしかない――人々の意見を変える、示唆と想像の力を動かし始めることだ。真実を主張し、幻想を剥ぎ取り、憎悪をなくし、人々の心情や精神をもっと拡大し、指導することこそが、その手段でなければならない。

本書執筆時点の1919年秋、私たちの運命が死に絶えた季節にいる。過去5年の苦闘、恐怖、苦しみの反動が今絶頂に達している。自分自身の物質的な福祉に関する目先の問題以上のものを感じたり気にかけたりする力は、一時的に消えている。自分自身の直接的な体験を超えたどんな大事件だろうと、最悪の予測だろうと、人々を動かせない。

各人の心には恐怖が生きる
それは荒廃を貪る極度の恐れ

それが真実と思うだけで軽蔑するものすべて
偽善と習慣がその心を作り
多くが信仰した神殿もいまやすり切れた。
人の資産にとって善をもたらすことは決してなく
しかももたらさないということを知らずにいる。
善は力を求めるが無為の涙を流すのみ。
強き者は善良さを求め、それよりひどいところは善良性が必須。
賢者は愛を求め、愛する者は知恵を求める。
こうして最高のものはすべて混乱し悪化している。
多くの者は強く豊かで公正となるはずが
苦しむ仲間たちに交じって暮らすと
だれも何も感じないかのようだ。自分が何をしているかさえわからない。

私たちはもはや忍耐の限界を超えて動かされ、休息が必要だ。現存する人々の生涯の中で、今ほど魂の普遍的な要素が輝きを失った時期はない。

こうした理由から、新世代の真の声はまだ口を開いておらず、声なき意見もまだ形成されていない。未来の世論形成のために、私は本書を捧げる。

訳者解説

1．はじめに

本書『平和の経済的帰結』（1919）は、20世紀（いや人によっては史上）最高の経済学者とも言われるジョン・メイナード・ケインズの出世作だ。

ケインズは経済学者だが、官僚でもある。そしてその官僚時代に、第一次世界大戦のパリ講和会議にイギリス代表団の一員として参加し、そこでの議論の方向性および最終的にまとまりそうなヴェルサイユ条約のあまりのひどさに絶望し、辞表をたたきつけて、即座に本書を書き上げた。そしてそれがベストセラーとなり、ケインズの世間的な知名度をいちやく押し上げた。

同時に本書は、第一次世界大戦にとどまらず、第二次世界大戦の戦後処理とその後の世界経済アーキテクチャ構築の発端となった本でもある。その意味で、本書は過去のできごとについての歴史的な文書にとどまらない意味を持つ。

2. 著者について

ジョン・メイナード・ケインズは、1883年生まれのイギリスの経済学者であり、官僚である。そして彼は、どちらの立場でも大きな影響を与えた。

経済学者としてのケインズは、何よりもいわゆるケインズ経済学の開祖として名高い。20世紀初頭までの経済学は、きわめて粗雑にまとめるなら、市場万能論だった。見えざる手が、価格を通じて需要と供給を調整することで市場は短期間で均衡し、失業も不景気もすべて自然に解決されるはず……だったが、1930年代の長引く大恐慌は、これでは説明がつかなかった。

ケインズは『雇用、利子、お金の一般理論』（1936）で、失業がいつまでも続くことがあるのを示した。お金の市場が決める利子率（金利）が、雇用を決める実体経済の収益率よりも高ければ、みんな実体経済に投資しなくなるので、実体経済の不均衡はそのままでは解消しないのだ。だからそれを解決するには、お金を刷って金利を下げるか、公共事業で失業分を雇って市場を均衡させればいい、というのが彼の理論と政策提言だった。

これを、不景気についての唯一無二の決定的な理論だと考える人もいる。また、無駄な公共投資と持続不能な財政赤字を煽り、大きな政府で自由市場を絞め殺す悪魔の理論だと見なす人もいる。が、どちらにしてもこれは経済学を一変させ、さらには第二次世界大戦以後の資本主義世界すべての財政および金融政策の運営も変えた。

だが、彼は純粋にアカデミックな経済学者ではない。ケンブリッジ大学を出た彼は、官僚としてまずはインド省に入った。彼の処女作は、植民地インド駐在時の経験をもとにした『インドの通貨と金融』（1913）だった。短期間で退職して大学に戻ったものの、その後も彼は大学と官僚職との往き来を繰り返している。ケインズ的には、むしろ官僚としての実際の経済政策運営のほうがメインだと考えていた様子さえある。もはや大部の経済学理論体系を構築する時代は終わり、経済学者はその時々の問題に対応するための、ちょっとしたパンフレットを出す役割になるだろう、と彼は述べている。彼にとっては、経済学理論は適切な経済社会運営のためのツールでしかなかった。

そしてケインズは、この官僚／政策担当者としても、20世紀の政治経済風景を一変させた。第一次世界大戦終結とともに、彼はイギリス代表団の一員としてパリに赴き、社会経済変化についての認識に基づいて、ドイツへの過大な賠償請求を戒めた。この訴えはそのときには成功しなかったものの、その後次第にドイツの賠償金減額に向けた動きも発生し、またやがてナチス台頭と第二次世界大戦の勃発により、ケインズの指摘にあった大枠の認識は共有された。

それもあってケインズは、第二次世界大戦後の戦後体制の構築にも参加する。1944年にブレトンウッズで開かれた、戦後の通貨体制を決める会議で、ケインズはイギリスを代表して交渉に臨んだ。ケインズの主張がすべて通ったわけではないが、そこでの議論のベースになっていたのは、本書に見られた世界認識だった。彼は経済学にとどまらず、現実の世界でもその社会経済アーキテクチャの構築を大きく左右した。

この後者の戦後世界アーキテクチャ構築につながる第一歩が、まさに本書となる。

3．本書の概要：章ごとの要約

本書は決してむずかしい本ではない。主張は非常に明快だ。ただし階級社会が露骨だった時代のイギリス知識人特有の、気取った文章で書かれており、ほのめかし、文芸的な引用、逆説的なあてこすりに頼る部分が多い。このため、高尚な表現に不慣れな現代の平民野蛮人たるぼくたちには、何を言おうとしているのかさえ容易につかめない部分すらある。特に、第3章の四人会議——アメリカ、フランス、イギリス、イタリア——の主要人物をめぐる描写は、たぶん出版当時は話題をさらっただろうが、当時の時事ネタがいろいろ絡んでいることもあり、現代人には理解しづらい部分も多い。

また、それ以後の部分も、そもそもドイツの賠償能力がどのくらいあるのかを見るための資産や生産能力推計、あるいは連合国同士の相互の貸し借りにかなりの紙幅が費やされている。堅実な積み上げをしているのはよくわかるが、今の読者で、当時のルール地方における石炭埋蔵量の細かい推計に関心がある方は限られるだろうし、それが全体の中でどういう役割を果たしているかが見えていないと、途中で投げ出してしまいかねない。

そこでまずは、本としての全体像を理解していただこう。各章の主張を要約すると以下のとおりとなる。

序文

パリ講和会議に、イギリス財務省の公式代表として出席したが、平和条約の草案があまりにひどいので辞職した。

第1章　序論

今の講和会議とその条約の中身は、ヨーロッパのまとまりを破壊しかねない。ヨーロッパは第一次世界大戦に先立って、経済構造と人口構造の面で大きく変わり、空前の新しい仕組みができあがっていた。そのまとまりを破壊するのはヨーロッパの自殺に等しい。

第2章　戦争前のヨーロッパ

かつてヨーロッパの各国は自給自足の農業国だった。だが中央ヨーロッパ＝ドイツが急激に工業化し、生産力を高めたために、人口も急激に増えた。この人口分布のドイツシフトが、第一次世界大戦の大きな原因。そしてそれを可能にするため、ヨーロッパはあらゆる面でドイツを中心とする貿易と経済相互依存構造になっている。

また経済発展のためには格差をつくり出し、労働者から搾取して資本家に資本を集中させつつ、彼らにそれを浪費させない倹約と貯蓄心理が必要だった。それにより金持ちがたくさん貯蓄し、それをインフラ投資にまわせたからこそ、経済発展が可能になった。さらに、増えた工業人口を養うためには、アメリカとロシアからの食糧輸入が必須だった。だがこのあたりも人口が増え、革命などもあって、ヨーロッパにまわす余地があるかわからない。もともとかなり危ういバランスだったのだ。

第3章　会議

会議と講和条件は、アメリカ、イギリス、フランス、イタリアの四人会議が仕切ったが、彼らはヨーロッパのまとまり維持などはまったく考えなかった。フランスはドイツを再起不能なまでに叩き潰すことだけが狙いで、クレマンソーは老獪に立ちまわりそれをとにかく実現したが、それが自滅に等しいことがわかっていない。アメリカはドイツの停戦条件となった14カ条を提出したので、主導権を発揮するかと思ったら細かいところをまるで考えていなかった。さらにウィルソンは田舎者で駆け引き能力がなく、字面だけ守って本質を完全に骨抜きにされて終わった。イギリスは仲裁役割を果たせるはずが、目先の選挙のために対独強硬姿勢に走り、フランスの思惑に流されてしまった。

第4章　条約

条約は、ドイツの商船隊を完全に奪い、石炭や鉄鉱地区の相当部分を譲り渡し、さらに賠償その他で残った生産力も（主にフランスに）吸い上げられてしまう。それはドイツがヨーロッパの他国に輸出していた石炭供給を断ち切る。さらに、生産能力を奪われたドイツはどうやって食糧を手に入れろというのか？

第5章　賠償

軍備解体や損害への賠償は14カ条にも明記されていた。だが、フランスやベルギーの被害は誇張されているし、年金や手当など、正当性が認められない要求も多い。そしてドイツの支払能力を現実的に考えると、払えるわけがない。ドイツの資産見積りはまったく賠償額に満たず、それ以上を払うためにはドイツが貿易黒字を大量に出し続けるしかないが、そのための資本は残されていない。さらに、これはドイツの将来世代に隷属に近い大量の負担をかけるものだが、子どもたちやまだ生まれていない孫たちを隷属させるのは人道的にも間違っている。

第6章　条約後のヨーロッパ

今のままの条約がまかり通ればどうなるか？　これまでのヨーロッパのまとまりは、すでに述べたように市場としても工業生産拠点としても輸送拠点としてもドイツに頼っていた。条約はそこを完膚なきまでに破壊する。ヨーロッパが復興するためには、戦争前の経済生産活動をすぐにでも復活させねばならないが、この条約が履行されればそれは不可能。そして戦費捻出のため各国が紙幣の乱発に頼ったので、インフレ加速も不可避。結果として生じるのは、内紛と国際的な憎悪、争い、飢え、収奪、ごまかしによって引き裂かれた、無力で、失業者を抱え、秩序が崩壊したヨーロッパなのである。

第7章　修正案

こんなことにならないように、まともに条約を直さねばならない。まずは過大な要求はお互いやめさせよう。正当に要求できるのは20億ポンド程度。これはドイツの支払能力に収まる。

そしてそれを連合国内で山分けするために使えるのは、連合国内の負債。各国は特にアメリカから大量の戦費を借りている。だからアメリカに泣いてもらって、各国には負債減免のかわりに対独請求を放棄させるなどで、ドイツの賠償の減額整理を目指そう。

同時に、ヨーロッパ再起のためには、目先の買い物や資本整備をするための資金が必要になる。これはアメリカに融資していただくしかない。

そして、ロシアのボリシェヴィキ革命がどこまで影響するかはわからないが、ドイツはその最大の防波堤でもある。ドイツの貧窮化はそれを弱めかねない。すでにドイツではローザ・ルクセンブルクなどが妙に力を持ち、一方でナショナリズム一派も出てきている。禁輸や制裁で締め上げたらかえってそれが悪化する。ドイツとロシアを経済取引で懐柔し、革命の拡大を防ごう。

4. 重要ポイント：賠償の根拠となる世界観

本書はもともとリアルタイムで条約の問題を指摘し、できればよい方向に向けようという意図で書かれた本なので、数字の妥当性にかなりの紙幅が割かれるのは当然ではある。だがいまや本書に書かれた賠償金の数字を細かく見ても、研究者以外にはあまり意味がないだろう。

現代において見ておきたいのは、まず第1章と第2章だ。

本書におけるケインズの基本的な立場は、とにかくヨーロッパの復興を何よりも優先しなくてはならない、ということだ。そして戦争前のヨーロッパは、人口、生産、消費、すべてがドイツ中心となっていた。そしてそれを支えるために貿易が必須となり、そのための輸送手段もドイツが中心だ。それを使ってアメリカとロシア（および各地の植民地）から食糧を輸入することで、人口増も支えられていた。

重要なのは、このグローバル化した経済社会の相互依存についての視点だ。この世界構造は、各国がほぼ閉じた独立経済となっていた、それ以前の状況とはまったく違っている。以前は、相手を完全に別の存在として、分捕れるだけ分捕ればよかった。それが少なくとも戦勝国にとっては最も利益となった。

だがもうそういう感覚でやっていてはいけない。ドイツをつぶせば、自分にとっての資源供給国でもあり、工業製品の供給国でもあり、そして最大の市場でもあった経済が消え、自分の首を絞める結果になる。だから戦後処理——賠償およびその後の仕組み構築——を考えるにあたっても、こうした経済全体の仕組みの変化を踏まえた対応が必須となる！

5．本書の評価

本書は当時のベストセラーとなった。中身の評価よりは、たぶん政府および条約交渉の代表団のトップ高官が、まさにほぼ現在進行形の会議の内幕をぶちまけた内部告発書、内幕暴露本として受け取られたのだろうという邪推は成り立つ。第3章の、各国の現役首脳についてのネチネチした意地の悪い人物描写は、そうしたゴシップ需要に十分に応えたことだろう。

が、それより重要なのは中身の話だ。ドイツがヴェルサイユ条約で定めようとしている賠償金など支払えないという点、そしてそれをゴリ押しすればヨーロッパ全体が飢餓と荒廃に陥るしかないという主張はどこまで妥当だっただろうか。

本書の4年ほど後に出た続編『条約の改正』では、恐れていたような即座の大惨事が逃れられたことは指摘されている。これは農作物の豊作などの幸運もある。一方で、本書での多くの見積りがおおむね正しく、それを受けて、確かに賠償金は多すぎるので、少しずつ現実的な水準まで減らそうという動きも見られることが述べられているし、またその後1920年代を通じて、その動きはさらに強まってドイツへの賠償要求は引き下げられた。おおむね彼の主張は、世界的な共通認識となったと見てもいいのかもしれない。

だが本書が一般的に評価されているのは、その先の部分だ。本書では、賠償金を無理強いすることでインフレが加速し、経済の貧窮堕落につながって、ドイツにおけるナショナリズムや社会主義の拡大を招きかねないという懸念が出ている。そしてご存じのとおり、この後のドイツは本当にハイパーインフレに襲われ、それを抑えようとして緊縮財政に走ったことで国内の不満が高まり、それがナチス台頭を招いてしまったとされる。そのナチスは本書で懸念されているナショナリズムまたは社会主義どころか、その両方を魔合体させてしまった国家社会主義なる代物の政党だったというのも、すごい話ではある。

その意味で、本書はしばしばナチス台頭と第二次世界大戦を予見した、きわめて予言的な書物だとされ、それがいまだに本書がしばしば取り沙汰される理由ともなっている。

その一方で、本書に対する批判も（もちろん）存在する。

まずはゴシップめいた話から。本書を出した直後の1920年頭、ケインズが政治支出の激しかった各国通貨は今後まちがいなくインフレで減価し続けると確信し、仲間を集めてシンジケートを作ってフランスのフラン、ドイツマルク、イタリアリラを空売りし、ノルウェーとデンマークのクローネ、および米ドル、インドルピーを買った。そしてしばらくは、かなり儲かった。

　ところが同年、ドイツの見通しについて市場の楽観論が高まり、ショートした通貨が急に上向いた。ケインズは巨額の追証を求められて破産寸前となり、父親ネヴィル・ケインズに泣きついて穴埋めしてもらった。確かにこれは瞬間的な相場のふらつきではあり、長期的な方向性については間違っていなかったとはいえ、決して体面のいい話ではない。

　また本書の中身を嫌う人も多かった（多い）。悪役にされたフランスは、クレマンソー当人をはじめ大いに反発したらしいし、またボケ役にされてしまったアメリカからもいろいろ文句は出たようだ。そもそも、会議の内幕を暴露すること自体が信義に反するものではないか、という批判も見られたらしい。ケインズとしては、中身の数字はすべて公開資料に基づいていると言うが、各人のふるまいについての描写はその範疇を大きく超えるものではある。

　そしてそれ以上に、ケインズの見立てはドイツに甘い、という主張もあった（ある）[1]。そうした主張によれば、ドイツはヴェルサイユ条約の賠償金くらいは優に払えた、それが証拠に、ドイツはなんだかんだで10年で再軍備して世界相手に戦争まで起こせたじゃないか、と言う。さらに戦後ドイツのインフレはワイマールドイツの放漫財政のせいで、賠償金とは関係ない、とも言う。ケインズがドイツに洗脳とは言わずとも影響されていたのだ、と。

こうした主張の成否をここで掘り下げる余裕はない。だが、そんなに楽に払えたのなら、フランスに賠償金未払いを口実にしたルール地方占領を許したり、その後も賠償金問題で延々と交渉を続けたりする必要がなぜあったのか、という疑問は残る。その一方で、ドイツは再軍備する余力があったのも事実。そして、本書では確かに、そうした軍事面の配慮をまったくせず、経済の復興だけしか考えていない。これは適切だったのか？

6．その後の影響：第二次世界大戦の戦後処理と国際経済のアーキテクチャ

だが一般には本書の見立ては正しかったと思われている。この教訓を受けて、戦後の経済アーキテクチャが構築された。ケインズはその構築の理論面でも実務面でも深く関与した。そしてそこでの認識も、本書で確立されたグローバル化の進展と経済の相互依存による発展が何よりの基盤となっている。

まずドイツへの賠償請求は、連合軍占領地区における工場設備や現物で行われ（デモンタージュ）、被害者への補償は限定的で、いずれも支払能力は考慮されたし、また東西ドイツ分裂後は停止された。日本への賠償請求は多くの国が放棄した。さらにケインズの死後ではあるが、マーシャルプランにより焦土と化したドイツを含む、ヨーロッパ復興を支援する仕組みができて、それが後の欧州復興開発銀行や世界銀行の開発援助にもつながった。そこにあるのは、経済の

立て直しこそが何よりも平和にとって重要という考え方だ。

また本書で懸念されている、通貨の乱発によるインフレと経済混乱を避ける仕組みも確立した。米ドルに特権的な地位を与え、為替レートを固定させる、ドル本位制とも言うべきブレトンウッズ体制だ。ブレトンウッズ会議でケインズは、米ドルをてっぺんに据えるのはいやがり、バンコールという国際決済単位を使った別の仕組みを提案したが、そのあたりの事情はここにはとてもおさまらない。[2] が、ベースとなる通貨安定の重要性に関する基本認識は米国家でも共有されており、それはすでに本書の時点ではっきり出ていた。

このそれぞれについて、当然ながら他にも事情があったとか、冷戦の影響がとかいった指摘はできる。またその数十年後とはいえ、ブレトンウッズ体制は崩れたし、それ以外の部分についても弊害やダメなところはいくらでも指摘がある。さらに頭の痛い問題として、このアーキテクチャが本当によかったのか、そのてっぺんに鎮座したアメリカが圧倒的に強かったからこのアーキテクチャでもゴリ押しが利いただけなのか、という疑問も十分に正当なものだ。

それでも、ケインズの世界観に基づくこの第二次大戦後の世界経済アーキテクチャが、なんだかんだで20世紀の世界経済の驚異的な発展につながったのは、すでにご存じのとおりだ。そして、それが崩れた後に台頭してきた自由市場寄りの仕組みが文句なしにいいかと言えば、多くの人が口ごもるところではある。

本書の時点で、そのアーキテクチャにつながる認識の基盤はできあがっていた。その意味で本書は第一次世界大戦の戦後処理にとどまらず、第二次世界大戦の戦後処理、さらにそれ以後の世界基盤につながる重要な書籍でもある。

7．現在／未来への示唆：ウクライナ侵略はケインズ的世界観を変えるか？

そして時代は流れて、これを書いているのが２０２３年10月現在。

今、戦争で賠償の話となると、現在進行形のウクライナ侵攻の話はどうしても出てきてしまう（と書いていたところへパレスチナもひどいことになっているが、これは置いておこう）。今回の戦争が、どんな形で終わる／停まるかは現在まったく見当がつかない。どう収まるにせよ、何のお咎めもなしでロシアが無罪放免という事態はありえないだろうが、賠償金の交渉といった事態が生じるかどうかは定かではない。

が、仮に終わった／停まったとしよう。世界銀行の推計では、２０２３年2月の時点で、ウクライナの復興費用は２０３３年までで４１１０億ドルとされている。[3] ウクライナＧＤＰの２・６倍だ。少なくともこの分は、ロシアに全額負担させろという声は当然出ている。ロシアの２０２１年ＧＤＰは１・８兆ドルなので、まったく払えないということはないだろう。本書でケインズが描いたドイツは各種生産手段をすべて奪われた上に、それ以前の状態でのＧＤＰ数倍分を請求されていた。その上、戦争で国土まで破壊されていた。それに比べると、ロシアは、自国はほぼ被害を受けていない。資源収入は豊富だし、オリガルヒたちの外国蓄財もかなりある。少なくとも、本書のドイツのような話ではなさそうだ。

だが負担能力以上に重要なのは、こうしたお金のやりとり（があるにしても）を考える際の前提となる、世界の仕組みの構想だ。

コロナ禍とウクライナ侵略によりケインズが想定していたような、相互依存に基づく自由なグローバル経済活動の復活を大目標とするような構想がどこまで妥当なのか、現時点では非常にわかりにくくなっている。相互依存したグローバル経済を復活させないと、飢餓や新たな紛争がまちがいなく生じる、と断言できるような状況ではないので、ケインズ的な危機感は登場しそうにない。

むしろ、ケインズ的な経済相互依存の重視は、一ヶ所でのトラブルが全体に波及する不安定でリスクの高い仕組みをもたらしたとも言える。相互依存の一部――特にエネルギー――は今回ロシアに逆に武器化され、ドイツなどがロシアの蛮行に対して強く出られなくなったり、多極分散構造というお題目でアメリカからの離反をそそのかされたり、といった事態を招いた。また開戦後の経済制裁も、グローバル化した世界貿易でむしろ有名無実化し、あまり効力を上げていない。

そして、現状では戦争がどういう終わり方をするにしても、ロシアにお咎めなしでかつてのグローバル経済に明日から戻りましょう、などという話は通るまい。それ以上に今後ロシアを抑えるにはどうしたらいいのか、という問題も必ず俎上にのる。すると、ナチスが登場したのはドイツを賠償金で締め上げすぎたせいなのか、それとも十分に締め上げずに再軍備の余力を与えてしまったせいなのか、という本書をめぐる議論がまたしても登場するだろう。

そう思ってしまうこと自体、ケインズが本書で批判したようなフランス的シバキ主義の罠にはまることなのかもしれない。今の混乱は一過性のもので、やはり本書のケインズの叡智にしたがい、安全保障面の話などあまり考慮しない経済統合を重視した発展にこそ未来はあるのかもしれない。

あるいは、もはや前提となる社会経済の仕組みがケインズの時代とは根本的に変わってしまったのかもしれない。世界の経済統合と相互依存自体を見直して、安全保障面での配慮も統合し、ある程度のブロック化と低効率ながらも冗長性を持つ社会経済の仕組みを構想しなければならないのかもしれない。そもそも本書において社会経済変化の根本的原因として挙げられている人口動態もまったく変化している。人口減少下での経済やパワーバランスというのはどのような形になるのだろうか。

そうした話を考えると、一見過去の話に思える本書の各種議論も、実は何かはっきり答えが出ているわけではまったくないのがわかる。現在なら、ケインズはどんな答えを出すだろうか。本書をきっかけに、こうした難問に取り組むまではいかなくとも、関心を持ってくださる人が少しでも増えることを願いたい。

8．蛇足

いささか脱線ながら、本書には格差についてのおもしろい見方が出ている。

産業革命と植民地収奪により19世紀末から20世紀初頭の経済発展は、激しい格差をもたらした。そしてその中で労働者は搾取され、それがトップ層に集中した、とケインズは指摘する。これは拙訳のトマ・ピケティ『21世紀の資本』（原著2013、邦訳みすず書房、2014）でも定量的に示されていたとおりだ。

だがこの格差にはもう1つの特徴が伴った、とケインズは言う。それは貯蓄を何よりも美徳とする精神だったのだ、と。

もしその追加の生産物が完全に平等に分配されていたら、みんながちょっといい食事か何かに消費して終わっただろう。また以前の金持ちであれば、手元に大金が集まればやはり浪費してしまったはずだ。しかし、18世紀以後の世界においては、倹約と貯蓄が大きな美徳とされた。金持ちは手元に大金が集まってもそれを（すべては）浪費することなく堅実にためこみ、それが各種のインフラ投資にまわることで社会の資本蓄積が実現し、大きな繁栄が実現した。それが19〜20世紀の大発展をもたらしたのだ、と。

つまり、発展の結果として格差が生じたのではない。むしろ格差の存在こそが発展を可能にした、ということだ。そして同時に、所得分布や資産の分布だけを見るのでは不十分かもしれず、むしろその背後にある社会心理／哲学が重要かもしれない、ということになる。

同じくピケティの近著『資本とイデオロギー』（原著2019、邦訳みすず書房、2023）なら、これを、格差を正当化するために金持ちたちがでっちあげたインチキなイデオロギーであると一蹴しそうだ。さらにケインズ自身も、別に貯蓄がすばらしいと言いたいわけではない。『一般理論』で彼は変な貯蓄信仰をさんざんバカにし、また本書でも大規模な公共支出が生活水準を保ったまま十分に可能な点を指摘している。

だが一方で、貯蓄＝投資にまわるお金を増やすことで資本蓄積を増やすという話はもっともだし、またそれを可能にしたのがある種の勤勉と倹約の倫理だったというのは、マックス・ヴェーバー『プロテスタンティズムの倫理と資本主義の精神』（1905）を彷彿とさせる。格差についての別の考え方の可能性も、ここにはあるのかもしれない。所得や資産の格差ではなく、消費格差に注目すると別の様相が出てくる可能性もあるのだろうか？

ちなみにこの部分はヨーゼフ・シュムペーターが『経済分析の歴史』（1954）の第5章で、ケインズ最大の慧眼として絶賛している部分でもある。事業機会が豊富な時期に貯蓄ぐせがついてしまうと、後に新規事業投資をサボるようになるというのがここでのケインズの指摘だ、これぞ後の『一般理論』につながる中核的な知見なのだ、というのがシュムペーターの見立てとなる。個人的には、新規の事業投資の話は見あたらないし、これはいささか我田引水なように思うが、それは読者のみなさんがご自身で確認してほしい。

9．翻訳について

翻訳にあたっては、John Maynard Keynes, *The Economic Consequences of the Peace*, London: Macmillan, 1919を使用した。またアメリカ版のNew York: Harcourt, Brace and Howe, 1920もあわせて参照している。いずれも、ネット上にあるスキャン版をもとにした。ちなみにアメリカ版は、本書の中のポンド表記をすべてドル表記にしただけのものだ。当時はもちろん、1英ポンド=5米ドルの固定為替レートの時代だったので、そういうことが可能だったわけだ。

なお本書にはすでに『講和の経済的帰結』（救仁郷繁訳、ぺりかん社、1972）および『ケインズ全集第2巻：平和の経済的帰結』（早坂忠訳、東洋経済新報社、1977）の邦訳がある。前者は未見、後者はケインズ全集版のテキストをもとにしていること、さらにフランス語やルーマニア語版への序文などが含まれているのが特徴なので、ご関心のある方は是非。フランス語版序文では、本書でクレマンソーを悪役扱いしたことについての弁明が連ねられていておもしろい。

この訳者が本書を訳したのは、既訳に特に不満があったからではない。ケインズ『一般理論』などを訳す中で、名前は聞くが実物を見たことのない本書も手に取ってみようと思ってのことで、それを翻訳してみたのも半ば趣味でのことだった。またナチスドイツの経済政策運営を分析したアダム・トゥーズ『ナチス 破壊の経済』（みすず書房、2019）を訳す中で、第一次世界大戦の戦後賠償とナチス台頭との関係も登場し、興味を持ったせいもある。

ちなみにシュムペーターは本書『平和の経済的帰結』について、ケインズ記念論説（1946）で次のように絶賛している。

本書は傑作である――実務的な叡智で満ちているが決して深みを欠くことがない。無慈悲なまでに論理的だが決して冷酷にならない。本当に人間的でありながら、まったく感傷的ではない。無駄な後悔なしに事実にむきあうが絶望はしない。しっかりした分析にしっかりした提言がついている。そしてこれは芸術作品である。形式と内容が完璧なまでに適合している。すべてが正鵠を射ており、的外れなものはまったくない。その書きぶりの賢明な簡潔さが、無駄な修飾で歪められることもない。その表現の洗練度そのもの――ケインズはその後これほど見事な文章を書くことはなかった――がその単純さを引き立てている。ケインズが人間ドラマという形で、平和条約を生み出した狙いの悲劇的な失敗を語る部分で、彼は前人未踏の高みに到達する。[4]

うひー。訳しておいてなんだが、これは原文についてすらいささか誉めすぎのような気がしなくもないし、まして本書の訳文がこんな珠玉の名文ではないことは断言できる。一世紀前の文章をなるべく現代の読者にも読みやすいようにするため、意図的に高尚さを犠牲にした部分も多々ある。これについては、編集部と校閲の熾烈なチェックのおかげも大きい。またその中で、原文より改行をかなり増やして、昔の文の長い段落を随時切っている点はご了承いただきたい。歴史的な話もあり、誤解やミスも残っているかとは思うので、お気づきの点があれば、是非訳者までご一報いただければ幸いだ。見つかったまちがいなどは、随時サポートページ（https://genpaku.org/keynes/peace/index.html）で公開する。

手すさびでやっていた翻訳に着目されて、商業的な刊行を決意された東洋経済新報社の川村浩毅氏には心より感謝する。また本書を手にとっていただいた読者の皆さんも、ありがとう。ずいぶんきな臭い時代になってきた現在、本書をきっかけに少しでも戦争／平和と経済についてまじめに考えてくださる方が増えてくれることを祈りたい。

2023年10月　デン・ハーグにて

山形浩生

注

1　当時のそうした批判の一部については、ケインズ自身が続編『条約の改正』で反論している。

2　ケインズ案を理想化したがる人もいる一方で、それが帝国時代の覇権を温存しつつアメリカへの戦費返済を先送りしようとするイギリスの国家的思惑を強く反映しており、決して不偏不党のものではなかったと指摘する説もある。Boughton, J. M., “Why White, Not Keynes? Inventing the Postwar International Monetary System,”

IMF Working Paper, 2002.

3 World Bank, Government of Ukraine, European Union and United Nations, "Ukraine Rapid Damage and Needs Assessment : February 2022 - February 2023 (English)," Mar. 2023.

4 Schumpeter, J. A., "John Maynard Keynes 1883–1946," *American Economic Review*, Vol.36, Sep. 1946, pp.495–518.

注

第2章　戦争前のヨーロッパ

1　1913年は、ドイツからの外国移住者は2万5843人で、うち1万9124人がアメリカに渡った。

2　1918年末で、1914年初頭と比べた出生減と死亡増大によるドイツ人口の純減は、270万人程度と推計されている。

3　ポーランドとフィンランドを含むが、シベリア、中央アジア、コーカサスは除く。

4　1914年以後に限っても、アメリカ合衆国の人口は700万人から800万人増えている。1人当たりの小麦の年間消費量は6ブッシェル以上であるため、アメリカの戦前の生産規模が、現在の国内需要に比べて大幅な余剰となるのは5年に1年でしかないということだ。今のところは1918年と1919年の大豊作に助けられており、これはフーヴァー大統領の価格保証によりもたらされたものだ。しかし、アメリカ合衆国が、ヨーロッパへの小麦供給を続けるために、自国内の生活費用をいつまでも大幅に上げ続けるとはとても期待できない。ヨーロッパはそれに対する支払いができないのだから。

第3章　会議

1　四人会議のうち、どちらの言語も話して理解できたのはクレマンソーだけだった。オルランドはフランス語しかわからず、ロイド・ジョージ首相とウィルソン大統領は英語しかわからない。そして、オルランドと大統領が直接対話できなかったという事実は歴史的な重要性を持つ。

第4章　条約

1　この留保が持つ厳密な効力については、第5章で詳細に論じる。

2　また、ドイツとの和解に特に関係がない部分も飛ばす。14カ条の2条は海洋の自由に関するものだが、連合国がそれを受け入れなかったので飛ばしている。強調はすべて私によるものである。

3　第8編第3付属書（1）。

4　第8編第3付属書（3）。

5　戦争前の時期、ドイツの平均造船産出量は軍艦を除いて、年間約35万トンだった。

6　第8編第3付属書（5）。

7　119条。

8　120条と257条。

9　122条。

10　121条と297条（b）項。この接収権の行使または不行使は、賠償委員会が決めるものではなく、割譲や権利付与により、その財産が位置することになった領土を持つそれぞれの国が決めるものらしい。

11　297条（h）項と第10編第4部付属書の第4段落。

12　53条と74条。

13　1871年にドイツはフランスに対し、アルザス＝ロレーヌ地方の鉄道の所有権を認めたが、国家財産についてはそれを認めなかった。だが当時は、鉄道は民間財産だった。その後、それがドイツ政府の所有となったので、ドイツがそこに投入した大量の追加資本にもかかわらず、フランス政府はそれが国家財産全般の先例に従わねばならないと主張したのだった。

14　55条と255条。これは1871年の先例に従ったものだ。

15　297条（b）項。

16　第10編第3部と第4部、および243条。

17　「　」の中にある言葉の解釈は、いささか曖昧だ。この用語はあまりに意味が広く、民間負債も含むようにも読める。しかし、条約の最終稿では、民間負債については明示的には言及されていない。

18　この条項は、ポーランドや他の新興国におけるドイツの財産の場合には緩和され、こうした地域では、清算により得られた金額は直接その所有者に支払われる（92条）。

19　第10編第4部付属書の第10段落：「ドイツはこの条約発効の6カ月以内に、連合および連盟国それぞれに対し、連合および連盟国の領土内にあるドイツ国民が保有する財産、権利、利権に関わる証券、証明書、登記書などの権利証明文書を届けるものとする。（中略）ドイツはいつの時点でも、どの連合および連盟国の要求であれ、連合および連盟国の領土内にあるドイツ国民の領土、権利、利権に関して必要となる情報や、1914年7月1日以降に実施された、そうした財産、権利、利権をめぐる取引に関する情報を随時提供するものとする」。

20　「あらゆる公益事業や利権」は曖昧な表現であり、その厳密な解釈については明示されていない。

21　260条。

22　235条。

23　118条。

24　129条と132条。

25　135〜137条。

26　135〜140条。

27　141条：「ドイツは、1907年4月7日のアルジーラス一般法および、1909年2月9日と1911年11月4日の仏独協定で与えられたあらゆる権益、利権、特権を放棄する（後略）」。

28　148条：「ドイツとエジプトとの間で締結された条約、協定、合意、契約は1914年8月4日より破棄されたものとする」。153条：「ドイツ帝国とドイツ各州がエジプト内で保有する財産や所有物は、すべて無償でエジプト政府に移譲される」。

29　289条。

30　45条。

31　第4編第4部付属書第3章。

32　「われわれはザール炭鉱の所有権を獲得し、こうした炭鉱の活用を邪魔されないため、この炭鉱地帯に住む60万人のドイツ人のために明確に区分した小さな領土を作り、15年後には住民投票により、かれらにフランス領になりたいと宣言させるようにしよう。それがどういうことかわれわれは知っている。15年の間、われわれはかれらに働きかけ、あらゆる点から攻撃し、愛の宣言を引き出すのだ。これはどう見ても、フランスからわれらがアルザス人やロレーヌ人たちを武力によって引き離したやり方よりは野蛮さの小さいやり方だ。だが野蛮ではない分、偽善的ではある。われわれは内輪では、これがこのドイツ人60万人を併合しようという試みだというのを十分承知している。クレマンソーが、われわれにこのザール炭鉱地帯を与えたいと思うに至った経済的な性質の理由については非常によく理解しているが、それを獲得するために、60万人のドイツ人を手玉にとって、15年でかれらをフランス人に仕立て上げようとしている、というポーズをしなければならないのだろうか？」（1919年5月31日付『ラ・ヴィクトワール』（*La Victoire*）紙におけるエルヴェ氏の発言）。

33　この住民投票は、連合軍の最後通牒においてドイツに与えられた譲歩の中でも最も重要なものであり、その主な功績はドイツ東部国境における連合軍の方針にずっと批判的だったロイド・ジョージ氏にある。この投票は1920年春以前には実施してはならず、1921年まで遅らせてもいい。それまで、この地域は連合国の委員会が統治する。投票は市町村ごとに行われ、最終的に国境線は連合国が決めるが、その際には各市町村の投票結果を考慮し、部分的には「地元の地理経済条件」を考慮する。結果を予想するには、地元についてかなりの知識が必要だ。ポーランド編入を選んだら、その地方自治体は賠償の支払義務から外れるので、ドイツ編入に投票した場合の押し潰されるような課税からは逃れられる。これは無視できない要因だ。その一方で、新生ポーランド国家の破産と無能ぶりは、人種よりは経済的な理由で投票したいと思っている人間には敬遠されるかもしれない。また、下水道や社会法制といった問題での生活条件は、そうした法制ができたばかりの隣接するポーランドの

地区に比べ、上シレジアのほうがはるかに優れていると指摘されている。本文中では、上シレジアはドイツ領ではなくなると想定している。しかし、1年の間にはいろいろあるし、この想定は決して確実ではない。それが間違っていた場合、結論も変える必要がある。

34 ドイツ当局は、多少の矛盾はありながらも、過去の選挙での得票から判断すると、住民の3分の1はポーランド側に、3分の2はドイツ側に投票する、と述べる。

35 しかしながら、見逃してはならない点としては、連合国の最後通牒でシレジアに与えられた譲歩の中にある90条であり、そこでは「ポーランドは15年間にわたり、本条約に従って、ポーランドに移転された上シレジアのあらゆる部分の炭鉱の生産物をドイツに対して輸出することを認める。そうした生産物はあらゆる輸出関税やその他輸出に対する料金や制限を課されないものとする。ポーランドはそうした産物がすべて、類似の産物が似たような条件でポーランドおよび、その他各国の購入者に対して販売されている場合に適用されるものと同じ条件で、ドイツの購入者に対し販売されるのを確実ならしめるために必要となる手立てを講じることに同意する」。これは見たところ先買権にはなりそうにないし、その実務的な結果が実際にどうなるか推測するのは難しい。だが、鉱山がかつての効率性を維持し、ドイツがこの産地からかつての供給量の相当部分を購入できる立場にある限り、損失は貿易収支への影響に限られ、文中で考察した経済生活へそれ以上の深刻な影響はない。ここには連合国が、この調停の実際の運用をより鷹揚なものにする機会がある。ついでに言うとドイツ人は、ザールの炭田をフランスに与えるべきだという議論と同じ理屈だと、上シレジアはドイツに帰属すべきだと言えることを指摘している。というのも、シレジアの炭鉱はドイツの経済生活に不可欠だが、ポーランドは別にシレジアを必要としていないからだ。戦前におけるポーランドの石炭の年間需要量1050万トンのうち、680万トンは上シレジアに隣接した議論の余地なくポーランド領である地区からのもので、150万トンが上シレジアからの供給だ(上シレジアの総産出量4350万トンのうちそれだけが輸出されているわけだ)。残りは、現在のチェコスロバキアから供給されている。上シレジアとチェコスロバキアからの供給がまったくなくても、ポーランドはおそらく自国の炭田(いまは科学的に開発されていない)をもっと十分活用したり、いまや併合されるはずの西ガリシアの埋蔵炭を使ったりすることで需要を満たすことができる。

36 フランスはまた、3年にわたりベンゾールを年3万5000トン、コールタール6万トン、硫化アンモニアを3万トン受け取ることになっている。

37 賠償委員会は条約により(第8部付録第5付属書第10段落)、「これらの選択肢の全面的行使が必要以上にドイツの産業ニーズを阻害する」と判断したら、「この供給を先送りまたはキャンセルする」権限を持つ。こうした先送りやキャンセルが起きた

場合、「破壊された炭鉱からの石炭を置き換えるものが、他の供給よりも優先される」。これから検討するが、ドイツが4500万トンをすべて物理的に供給不能な場合、この最後の条項が最大の重要性を持つ。というのもその場合、フランスが2000万トンを受け取るまでイタリアはまったく石炭を受け取れないということだからだ。賠償委員会はこれを改訂する権限はまったくない。イタリアの新聞はこの重要な項目を見逃さず、この条文はイタリア代表がパリにいない間に挿入されたものだと主張している（*Corriere della Sera*, July 19, 1919）。

38 ここから、現在のドイツの生産量は1913年の6割程度に落ち込んだということになる。備蓄への影響は当然ながらひどいものであり、この冬の見通しは危険なものだ。

39 この数字は、前で引用した30パーセントの損失に対し、産出量が15パーセント減ると想定している。

40 この数字は、ドイツの工業活動の23パーセント損失と、他の需要の13パーセント減少を想定している。

41 読者は特に、上の計算がドイツの褐炭生産量をまったく考慮していないことに留意してほしい。1913年には、粗褐炭1300万トンの生産量で、これに加えて練炭2100万トンに変換された分の生産がある。だがこれだけの褐炭が、先で想定した石炭の量に**加えて**ドイツ国内では必要とされたのだ。私は石炭の損失がどこまで褐炭の利用拡大や、現在の使用方法の経済化で埋め合わせられるのか明言できる能力はない。だが一部の専門家は、ドイツは石炭の損失に対し、褐炭埋蔵量にもっと注目することで、かなり相殺できると信じている。

42 フーヴァー氏は1919年7月に、ヨーロッパの石炭産出量は、ロシアとバルカン諸国を除けば、かつての6億7950万トンから4億4300万トンに減少していると推計した――この一部はわずかながら材料と労働の喪失の結果だが、主に戦争の欠乏と苦しみの後で物理的な努力がゆるんだせいであり、また貨物車両と輸送手段の欠如、さらには一部の炭鉱地区の政治的な運命が決まっていないせいが大きい。

43 この方向性で、戦時中に無数の商業協定が結ばれた。だが、1919年6月だけでも、石炭による支払いを行うというちょっとした協定がドイツとデンマーク、ノルウェー、スイスとの間に締結されている。契約量は大したものではないが、それがなければドイツはデンマークからのバターや、ノルウェーからの油脂やニシン、スイスからの牛乳や肉牛を得ることができなかった。

44 「6万人ほどのルール地方の炭坑夫たちは、デンマークへの輸出向け石炭を生産するために、追加シフト――通称バターシフト――で働くことに同意した。その見返りとして、デンマークからバターが輸出される。そのバターはまず炭坑夫たちに提供される。というのも、かれらはそれを得るために特別に働いたからだ」（*Kölnische*

Zeitung, Jun. 11, 1919)。

45 イギリスではウィスキーシフトの見込みはないのだろうか？

46 1919年9月という早い時点で、石炭委員会は条約の要求を実施させるのが物理的に困難だという問題に直面し、条約を以下のように改訂することに同意した。「ドイツは今後6カ月間に、平和条約で定めた年間4300万トンではなく、年間2000万トンに対応した石炭の提供を行う。ドイツの総生産が現在の年間1.08億トンほどを上回れば、その追加生産量は最大1.28億トンまでの60パーセント、それをさらに超えた追加量の50パーセントは、条約で定めた数字が満たされるまで三国協商参加国に提供される。総生産量が1.08億トン以下なら三国協商参加国は状況を検討し、ドイツの言い分を聞いたうえでそれを考慮する」。

47 この地方の生産量は、ドイツ全体の2860万7903トンのうち、2113万6265トンとなる。上シレジアに伴う鉄鉱石の損失は微少なものだ。しかし、ドイツ関税連合からルクセンブルクの鉄鋼を除外したのは重要だ。特に、この損失がアルザス＝ロレーヌ地方の喪失に加わると、重要性は大きい。ついでに言っておくと、上シレジアはドイツの亜鉛生産の75パーセントを占めている。

48 1919年4月、イギリス軍需省は専門家委員会を派遣して、ロレーヌ地方とドイツの占領地域における鉄鋼生産の状況を調査させた。その報告によると、ロレーヌ地方の鉄鋼生産は、ウェストファリアからの石炭とコークス供給に依存しているとのことだった。ザール渓谷でも、程度は低いが同様の状態だ。高炉用のよいコークスを得るには、ウェストファリアの石炭とザールの石炭を混ぜる必要がある。ロレーヌの鉄鋼生産がすべて、燃料供給をドイツに頼っている状況は、報告によれば「かれらをうらやましいとはまるで思えない立場に置かれている」とのこと。

49 264条、265条、266条、267条。こうした条項を5年を超えて延長できるのは、国際連盟の理事会だけだ。

50 268条（a）項。

51 268条（b）項と（c）項。

52 ルクセンブルク大公国はまた非中立国化され、ドイツは「連合および連盟国と大公国との間に締結されるあらゆる国際的な取り決めをあらかじめすべて受け入れる」よう義務づけられている（40条）。1919年9月末、国民投票が行われてルクセンブルクがフランス関税連合に入るべきか、ベルギー関税連合に入るべきかを決めることになっていたが、過半数が前者を選んだ。第三の選択肢であるドイツとの連合継続は、有権者には提示されなかった。

53 269条。

54 270条。

55 この時点で、占領条項を簡単にまとめておこう。ライン川以西に位置したドイツ領

は、橋頭堡とともに、15年間にわたり占領の対象となる（428条）。しかしながら、もし、「現在の条約の条件がドイツにより忠実に実施されるなら」、ケルン地区からは5年後、コブレンツ地区からは10年後に占領軍は撤退する（429条）。だがさらに規定されているのは、15年の期限の時点で、「ドイツによる不当な侵略を防ぐ保証が、連合および連盟国政府により不十分だと見なされた場合、占領軍の撤退は必要な保証を確保するという目的のために、必要と見なされるだけの期間遅らせることができる」（429条）。さらにまた、「占領中または15年の期限が切れた後に、ドイツが現在の条約で定められた賠償について義務遂行の遵守を拒絶していると賠償委員会が判断したら、429条に定めた領土の全体または一部は、連合および連盟国により即座に再占領される」（430条）。ドイツが賠償義務をすべて満たすなど不可能なので、上述の条項はつまり、連合国はライン川左岸を自分たちの好きなだけ占領するということになる。また、その地の統治も好きにしてよいということでもある（たとえば、関税のみならず、地元ドイツ人代表と連合軍統治委員会のそれぞれの権限についてなど）。なぜなら、「占領に関連して、この条約で規定していないことはすべて、その後の協定により規定され、これをドイツは遵守するものとする」（432条）とされているからである。占領地域が当面の間、統治されることになる実際の合意は、白書（勅令書222号）として発表されている。至高の権限は、同盟国間ラインラント委員会の手に与えられ、その委員会はベルギー人、フランス人、イギリス人、アメリカ人各1名から構成される。この協定の条項は、きわめて公正かつ適切に作成されている。

56　365条。5年経ったら、この条項は国際連盟理事会により改訂される。

57　1919年9月1日から、ドイツ政府は鉄鋼製品の輸出にかかる優遇鉄道料金を廃止した。こうした特権は、この条約の条項の下で、連合軍貿易業者に無理矢理与えさせられた類似の特権で十分補われるかそれ以上のものとなっている、というのがその根拠だ。

58　367条。

59　解釈と適用上の問題は、国際連盟に諮ることになっている（376条）。

60　250条。

61　371条。この規定は、「旧ロシア領ポーランドのうち、ドイツによりドイツ軌間に転換された路線にさえ適用される。こうした路線は、プロシア国家システムからは切り離されたものと見なされるからである」。

62　332～337条。ただし、332条の第2段落については例外が認められるかもしれない。これは、多国籍の船舶がドイツの都市間で取引を行うことを認めるが、ドイツ船舶は特別な許可がない限り、非ドイツの都市間での取引を認められないというものだ。さらに333条は、ドイツが自国河川系を歳入源として使うのを禁じているが、

これは不当なものだろう。

63 ニーメン川とモーゼル川は、必要に応じて後日、同様の扱いを受けることになっている。

64 338条。

65 344条。これは特に、エルベ川とオーデル川を指している。ドナウ川とライン川は、既存の委員会との関連で扱われる。

66 339条。

67 357条。

68 358条。ただしドイツは、フランスによってこれで奪われた権力の代償として、何らかの支払いや控除を認められることになっている。

69 66条。

第5章 賠償

1 「連合国とアメリカ合衆国の将来的な権利主張や要求は影響を受けないままであるという留保のもと、以下の財務条件が必要となる。すなわち、行われた損害に対する賠償である。休戦が続く限り、戦争の損失の復興や賠償のため連合国への担保として使える公債を敵国は一切移動してはならない。ベルギー国立銀行の現金預金を即座に回復させ、全般に、侵略された国の公共や民間の利害に関わる文書、金銀貨幣、株式、証券、紙幣、さらには紙幣発行のための工場も含め、即座に返却すること。ドイツに移譲されたり武力で奪われたりした、ロシアとルーマニアの黄金の返還。この黄金は平和条約の調印まで連合国の信託下に供されるものとする」。

2 ついでに言っておくと、ここには損害を、戦争の認知されたルールからはずれた方法で生じた損害だけに限定するような文言は何一つない。つまり、違法な潜水艦戦争の費用だけでなく、海洋での商人の正当な捕縛から生じる請求権も含めてかまわないということだ。

3 旧占領地において、連合国国民が所有するマルク紙幣やマルク建て債権も、連合国国民に対する他の債務とともに、敵国の負債清算に含まれるべきである。賠償とは切り離して扱うべきだ。

4 平和条約にはベルギーのための特別な請求権が実際に含まれ、ドイツ代表団は異議を唱えることなく受け入れた。

5 しかし、イギリス人の観察者にとっては、ある光景が他から浮かび上がって見えた——イーペル戦線だ［訳注：ベルギー・フランス国境の激戦地の一部。有名な『西部戦線異状なし』の舞台にも近い。イギリス軍が多大な犠牲を払って制圧し、毒ガス兵器の利用もあり、双方に甚大な被害が出た］。あの荒涼とした気味の悪い地点で、風景の自然の色彩や雰囲気、天候は、その土地の記憶を旅人に伝えるべく設計

されたかのようだ。この重要な地域に1918年11月に訪れた者がいて、当時はドイツ人の死体がいくつかあるのがリアリズムと人間的な恐怖を加えていたが、最大の戦いはまだもちろん終わっておらず、そこでは他のどこにも増して、現在の戦争のひどさを感じることができたし、同時に未来がある程度までその厳しさを変換するであろう、悲しくも感傷的な純化も感じられたのだった。

6 こうした紙幣は、60億マルクはくだらないとされ、いまやベルギー政府にとっては汗顔の至りであり、潜在的に大きな損失となるかもしれない。というのも、国の回復にあたりベルギー政府はベルギー国民から、ベルギー紙幣で1マルク当たり120ベルギーフランのレートでそのタンス預金を買い取っているからだ。この為替レートは、当時の為替レートでのマルク紙幣の価値を大きく上回るものであり（そしてその後、マルク紙幣が下落したレートに比べるととんでもなく高すぎる。いまやベルギーフランは3マルク以上の価値があるのだ）、おかげでここから得られる利潤を利用すべく、すさまじい規模でマルク紙幣をベルギーに密輸する原因となった。ベルギー政府がこのきわめて実直さに欠けた行動をとったのは、こうした紙幣を1対1のレートで買い戻させることを、ドイツ資産に対する第一の優先権とすべきだと講和会議に対して主張するためだった。だが講和会議は、賠償そのものは、過剰な為替レートで行われた不用意な銀行取引の調整よりも、優先されるべきだと決議した。ベルギー政府による大量のドイツ通貨保有は、フランス政府が侵略地域とアルザス＝ロレーヌ地方の住民の利益のために、同様に交換して保有している20億マルクと併せて、マルクの為替ポジションを深刻に悪化させている。それをどう処分するか、ベルギー政府とドイツ政府とが何か取り決めに合意できればもちろん望ましいが、これはこうした目的に使えるドイツ資産すべてに対し、賠償委員会が優先権を設定してしまったので、難しくなっている。

7 公平のため付け加えておくと、ベルギーが提出したきわめて高額の賠償金額請求は、戦災による荒廃自体だけでなく、各種の他の費目を含んだものだ。たとえば、戦争がなければベルギー人たちが得べかりし利潤や稼ぎなどだ。

8 Stamp, J. C., "The Wealth and Income of the Chief Powers", *Journal of the Royal Statistical Society*, July, 1919.

9 他の推計は、24.2億ポンドから26.8億ポンドの間になっている。スタンプ、前掲参照。

10 これは『レマンシパシオン』（*L'Émancipation*）誌の1919年2月号で、シャルル・ジイド氏により明確かつ勇敢に指摘されていた。

11 これらや他の数字の詳細については、スタンプ、前掲を参照。

12 物質的な損害の規模が明確になっても、それに値段をつけるのはとんでもなく難しい。これは復興がどのくらいの期間にわたるか、それにどんな手法が使われるかに

も大きく左右される。どれだけお金をかけようとも1、2年で損害を回復するのは不可能だし、手持ちの労働や材料の量と比べて過大な勢いでそれをやろうと試みたら、価格はいくらでも上がってしまいかねない。私が思うに、現在の世界一般での労働と材料価格の時価に等しい費用を想定すべきだろう。だが言っておくと、昔どおりの完全な再現は決して行われないと思って間違いなかろう。実際、そんなことをしても無駄が多すぎる。都市の多くは古く不健全であり、多くの村落は悲惨な状態だった。同じ場所に同じ種類の建物を建て直すのはバカげている。土地について言えば、場合によると賢いやり方は、多くの地帯をそのまま何年も自然のままに任せることかもしれない。賠償の総額は、だいたい物質的な損害の価値を示すくらいにして、フランスはその使途については全体としての経済的繁栄にとって最も賢明と考える形に任せるべきだ。この論争の第一弾はすでにフランスを席巻した。1919年春のフランス議会では、荒廃地域の住民たちが補償を受け取ったら、それはまったく同じ形で物件を復旧するのに使うよう強制されるべきか、それとも好きなように使っていいのか、という長く結論の出ない論争が続いた。もちろん、どちらの側にもかなりの言い分はある。前者の場合、かつての物件の効率的な利用を今後何年も回復できないと考える所有者にとっては、どこかよそに移ることもできないので、かなりつらい不確実な状況となってしまう。これに対し、もしそうした人々が補償を受け取ってよそに行けるなら、北部フランスの農村地帯は決してきちんと復興しない。それでも私は、かなりの自由を許容し、経済的動機に従って、独自の選択に任せるのが賢明なやり方だと思う。

13　*La Richesse de la France devant la Guerre*, 1916.

14　*Revue Bleue*, Feb. 3, 1919. これはフランスの推計と見解表明のきわめて有意義なところで引用され、H. シャリオーとR. ハコーとによる『戦争の財務清算』(*La Liquidation financière de la Guerre*)の第4章となっている。私の推計の全般的な規模は、1919年10月10日にタルデュー氏が行った演説で述べられた、すでに行われた修繕の程度からも裏付けられる。「先の9月16日現在で、破壊された鉄道線路2246キロメートルのうち、2016キロは修繕された。運河1075キロメートルのうち、700キロメートルが修繕済み。爆破された1160本の橋やトンネルなど構造物のうち585件は再建された。爆撃で破壊された55万軒のうち、6万軒は再建された。戦闘により使いものにならなくなった地面180万ヘクタールのうち、40万ヘクタールは再び耕作されており、20万ヘクタールは耕作準備が終わっている。最後に、1000万メートル以上にわたる有刺鉄線が撤去された」。

15　こうした推計の一部は直接の物理的損傷だけでなく、付随的で非物理的な損害の分も含む。

16　この相当部分は連合国の仕事を行っている途中に失われたものだ。だからこれを、

連合国の請求とイギリスの請求で二重計上してはならない。

17 上記に加え、漁船675隻、総トン数7万1765トンの沈没について別個の請求がないとか、沈んではいなくても、損傷を受けたり、拿捕されたりした1855隻の総トン数800万7967トンの船舶についても別個の費目が出ていないことから、取替費用の過大部分について相殺できるだろう。

18 ギリシャ商船隊の損失は、地中海が危険にさらされたために、過剰に高かった。だがこれは、おおむね他の連合国の仕事をこなす中で生じたもので、連合国はこれについて直接的・間接的に支払っている。ギリシャが、自分自身の国民のために行った航海で生じた海洋損失について請求できる金額はそれほど多くないはずだ。

19 平和条約には、この問題について留保がある。「連合および連盟諸国は、ロシアがこの条約の原理に基づいて、ドイツから返還および賠償を獲得する権利を公式に留保する」(116条)。

20 ディオリッチ博士は、「南スラブ諸国の経済的・統計的調査」(*Journal of the Royal Statistical Society, May,* 1919)で、生命損失についてすさまじい数字をいくつか挙げている。「公式の発表によると、先のセルビア攻撃までで戦闘中に倒れたり、捕虜となって死んだりした人数は32万人にのぼり、これはつまり、セルビアの18〜60歳までの男性人口の半分がヨーロッパの戦争で直接消えたということだ。さらに、セルビア医療当局の推計では、文民のうち30万人ほどがチフスで死に、敵国の収容所で抑留された人口中の死亡者は5万人と推定される。二度のセルビア軍の撤退とアルバニア軍の撤退の間に、子どもと若者の死者は20万人と推計される。最後に、敵の占領中の3年間で適切な食糧や医療の欠如による死者数は25万人と推計される」。合計でかれは死者数を100万人以上、あるいは旧セルビアの人口の3分の1以上としている。

21 *Come si calcola e a quanto ammonta la richezza d'Italia e delle altre principali nazioni,* 1919.

22 セルビア当局が提出したきわめて多額の賠償請求は、間接的、非物質的な性質の多くの仮想的な費目を含む。だがこれらは、いかに現実のものとはいえ、現在の考え方では認められない。

23 同盟国からの融資から一般戦費の支払い分として、2.5億ポンドが含まれていると想定している。

24 ヒューズ氏の名誉のため言っておかねばならないが、かれは当初から休戦前の交渉で、わが国が戦費すべてをカバーする賠償金を要求する権利があるといった話が出てくるのに対して懸念を表明し、そんな約束にイギリスが入り込んだことに抗議し、自分はそんなものに加担せず、そんなものに縛られているとは思わないと主張していた。かれの憤りの一部は、オーストラリアが戦災に遭っていないため、連合

軍の権利についてのもっと限られた解釈の下では、何も請求できなくなるという事実から生じたのかもしれない。

25 戦費総額は、240億ポンド超と推計されている。これは、金利だけで年額12億ポンドだ（減債基金は別）。どんな専門家の委員会だろうと、ドイツがこんな金額を支払えるなどと答申できたはずがあるだろうか？

26 だが残念なことに、かれらは誇らしく軍旗を掲げて敗北したりはしなかった。あれやこれやの理由から、自由党執行部は徹底して沈黙を保った。この事態の推移すべての詐欺、詭弁、不名誉に対して断固とした抗議の声を上げげつつ敗北を喫したのであったら、かれらはいまやイギリスにおける評判の点で、まったく違った立場にいられたことだろう。

27 これらの言葉を書いたのは、私としても最も苦しみ抜いた熟慮の結果である。イギリスの主要政治家による抗議がほとんどまったくなかったことから、自分が何か間違えているにちがいないと思ってしまう。しかし、私はすべての事実を知っているつもりだし、そうした間違いは何も見つけられないと信じている。いずれにしても、関連する約束はすべて第4章と本章冒頭で挙げたので、読者は自分で判断していただけよう。

28 まったくの私人であり、政治的な配慮にまったく左右されないフランス人たちと会話してみると、この側面はきわめて明確になった。ドイツから得られるはずの目下の推計値というのが、まったく現実離れしているというのを納得させることはできる。だが最終的には、かれらは常に出発点に戻ってしまう。「でもドイツは支払わ**なければならない**。さもないと、フランスはどうなってしまうんですか」。

29 さらに続く段落は、「ベルギーの完全復興について、すでにドイツが与えた約束に従って」、ベルギーの戦費も要求している。

30 敵国だけでなく、他の連合国すべてからの糾弾にも対応が必要だった。というのも、敵国の資源が限られていたから、他の連合国は当の敵国自身よりも、自分たちの身内のだれかが過大な賠償請求額を確保していないことを明らかにすることに対して、大きな利害を持っていたのだから。

31 クロッツ氏は、この項目に関するフランスの請求額を30億ポンド（総額750億フラン、別離手当に130億フラン、恩給600億フラン、未亡人へ20億フランで構成）と推計している。この数字が正しければ、他の数字もおそらく引き上げるべきだろう。

32 つまり、総額については誤差±25パーセント以内と主張する。

33 1919年9月5日にフランス議会で行った演説で、クロッツ氏は条約に基づく連合国のドイツに対する請求総額を150億ポンドとしている。これは1921年まで複利計算で累積し、その後は年額10億ポンドの支払いを34年続けることで清算される。10

億のうちフランスは年に5.5億ポンドを受け取る。報道によれば、「この主張（つまり、フランスがドイツからこれだけの年額支払いを得るということ）による全般的な影響は、国全体にとって目に見えて明るいものであり、パリ証券取引所やフランスの実業界全体で好感を抱かれ、即座に反映された」。こんな主張がパリで文句なしに受け入れられる限り、フランスには財政的にも経済的にも未来はないし、幻滅による大災厄が遠からずやってくるだろう。

34　主観的な判断ではあるが、私はこの数字の精度が、10パーセント低すぎるか20パーセント高すぎる範囲にあると思う。つまり本当の数字は64億〜88億ポンドの範囲内だろう。

35　また条約の下でドイツは、賠償金支払額に加えて、平和条約が調印された後、続く15年にわたる占領の全費用を支払うことになっている。条約で見る限り、こうした駐留軍の規模を制限する規定はなく、したがって、フランスは通常の常備軍を占領地域に駐留させることで、軍事費を自国納税者からドイツ納税者の負担に肩代わりさせられる――ただし現実には、そんな政策は、すでに仮説の上から見て賠償金を支払能力の上限まで支払っているはずのドイツの負担になるよりは、その分だけ賠償金受け取りが減ってしまうフランスの連合国の負担になるだろう。しかし、発表された白書（勅令書240号）には、イギリス、アメリカおよびフランス政府による宣言が刊行されており、そこで3国は占領費用負担としてドイツが毎年支払う金額の上限は、「**関連する**連合および連盟諸国が、ドイツの武装解除条件が満足できる形で実現していると納得すれば」、1200万ポンドに抑えると約束している。私が強調した単語は少々重要だ。3国は必要だと合意すれば、この取り決めをいつでも変更する自由を留保している。

36　235条。この条項の力は251条で少し強化されている。251条では、食品や原材料だけでなく「他の支払い」についても、ここからの支出が認められているからだ。

37　これは第2付属書の第12（c）段落の影響によるものであり、細かいややこしい話を脇に置いておくためのものだ。条約は支払いを**黄金マルク建て**で定めており、上の数字はこれを20マルクが1ポンドに相当するレートで換算している。

38　もし、何やらありえない方法で、ドイツが1921年までに現金や現物で5億ポンドを支払えば、年額支払いは1921年から1925年にかけては年額6250万ポンド、その後は1.5億ポンドの支払額となる。

39　賠償章の第2付属書第16段落。また、その金利が「1918年11月11日から1921年5月1日の間に生じた**物理的**損害についての総額」に加算できるという、よくわからない条項がある。これはどうも、財産への被害と身体への被害を区別して、財産への被害を重視するということらしい。これは恩給や別離手当には影響しない。恩給や別離手当の費用は、条約発効時点で資本化されているからだ。

40　だれも支持しないし、最も楽観的な人々ですらほぼありえないと考える想定として、ドイツが**当初から**利払いと減債基金（元本償還）を全額支払えるとすると、年間支払額は4.8億ポンドとなる。

41　第2付属書の第13段落で、(i) 1921年から1926年までに期限がくる支払いを1930年以降に先送りする場合、および (ii) 1926年以降の支払いについて3年以上先送りする場合には、全員一致の承認が必要となっている。さらに、234条で、賠償委員会は委員会に議席を持つ**全**政府の明示的な承認なくして、この債務のいかなる部分であっても免除してはならない。

42　1914年7月23日の保有高は6780万ポンドだった。

43　ドイツの銀貨に対しては、マルクの価値下落と銀価格高騰のためにきわめて高いプレミアムが存在するため、こうした銀貨を人々のポケットから引き出せるとはなかなか考えにくい。しかし、次第に民間投機家の仲介によって国境を越えてだんだん流出してくるだろうし、これは全体としてのドイツの為替ポジションを間接的に有利にする。

44　連合国は、すでに述べたように休戦中にドイツに食糧を供給したが、その条件としてドイツ商船隊の相当部分を、ヨーロッパ全般、特にドイツへの食糧輸送のために連合国に移転し、連合国の運用下に置くことを求めた。ドイツがこれに応じるのを嫌がったために、食糧供給が長い間、危険な遅れが生じたが、不毛なトレーヴとスパの会議（1919年1月16日、2月14～16日、3月4～5日）に続いてやっとブリュッセル協定（1919年3月14日）が決まった。ドイツ側が締結を嫌がったのは、船を引き渡したら食糧が得られるという確約を、連合国側がまったく行わなかったのが主な原因だ。しかし、連合国側がそこそこ善意に基づいて行動すると仮定すれば（だが休戦の他の条項に関する連合国側のふるまいは、敵が疑念を抱く正当な根拠をある程度与えてしまった）、その要求は不適切なものではなかった。というのも、ドイツの船舶がなければ食糧輸送事業は不可能に近いほど困難で、実際、引き渡されたドイツ船舶やその相当物は、ほとんどすべてがドイツへの食糧輸送に使われたのだった。1919年6月30日までにドイツ船舶176隻、総トン数102万5388トンがブリュッセル協定に基づき連合国に引き渡された。

45　移転される総トン数はかなりこれを上回るかもしれず、1トン当たりの価額は低めかもしれない。しかし、総価値はたぶん1億ポンドは下回らないし、1.5億ポンドを上回ることもない。

46　この調査は1916年8月23日の法令のおかげで実施された。1917年3月22日、ドイツ政府はドイツ人が保有する外国証券の利用について、完全に統制する権限を手に入れた。そして1917年5月、スウェーデン、デンマーク、スイスの証券の一部に対して、こうした権限を行使し始めた。

47 1892年 シュモラー 5.0億ポンド
1892年 クリスチャンズ 6.5億ポンド
1893〜4年 コッホ 6.0億ポンド
1905年 フォン・ハレ 8.0億ポンド*A
1913年 ハルフェリッヒ 10.0億ポンド*B
1914年 バロット 12.5億ポンド
1914年 ピストリウス 12.5億ポンド
1919年 ハンス・デヴィッド 10.5億ポンド*C

*A 証券以外の投資分でさらに5億ポンド。

*B 純投資、つまり外国保有のドイツ資産について調整した額。他の推計もこれがあるかもしれない。

*C この推計は、『ヴェルトヴィルトシャフツツァイトゥング』(*Weltwirtschaftszeitung*) 紙 (1919年6月13日付) に掲載されている、開戦時のドイツの外国投資時価の推計である。

48 いまやドイツ国民ではない、アルザス＝ロレーヌ地方やその他の地域の住民が所有している証券については何も控除していない。

49 こうした推計値のすべてで、私は条約に不利な部分を強調しすぎるのではないかという恐れに動かされていることを自覚している。つまり、自分の真の判断を上回る数字を出しているということだ。ドイツの資源について紙の上で空想上の推計を書き留めるのと、実際に現金の形で供出金を引き出すのとでは話が大いにちがう。私自身は、賠償委員会が1921年5月までに、上に挙げた費目から上記の数字のうち**低い方**の金額すら確保できるとは思っていない。

50 条約 (114条参照) は、デンマーク政府がシュレスヴィッヒの獲得に伴って賠償委員会にどこまで支払義務があるのか、きわめて曖昧に残している。たとえば、割譲地域にあるマルク紙幣の価値などについて、賠償額と相殺するなどの取り決めをするかもしれない。いずれにしても、ここで出てくる金額はかなり少額だ。デンマーク政府は、「ドイツ負債のシュレスヴィッヒ地方分を引き受け、ドイツ公共資産を購入してシュレスヴィッヒの人々を助け、通貨問題を解決する」という合同目的のために、660万ポンド (1.2億クローネ) の金額を負債調達しようとしている。

51 ここでもまた、私自身の判断だけだと話はずっとひどくなって、この期間にドイツの輸出が輸入を上回ることはありえないのでは、と思う。しかし、本文中の主張だけでも、私の議論のためには十分なものだ。

52 推計では、上シレジアの喪失を別にしても、フランスへの領土割譲で、戦前のドイツの年間鉄塊生産量2000万トンは1400万トンに減り、フランスの生産能力は500万トンから1100万トンに増える。

53　ドイツの1913年における砂糖輸出は、111万73トンで価額は1309万4300ポンド[訳注：原文ママ]であり、そのうち、83万8583トンがイギリス向けに輸出されて、その価額は905万800ポンドだった。これらの数字は通常よりも多く、1913年までの5年間平均の総輸出は1000万ポンドほどだ。

54　必要な物価調整は行うべきだが、まとめて後で行う。

55　もし減債基金（元本償還分）を減らし、年間支払いがもっと長期にわたるとしても、現在価値は——複利計算の作用とは何と強力なことか——大幅に増加することはない。金利を以前と同じく5パーセントとして、毎年1億ポンドを**永遠に**払い続けても、現在価値は20億ポンドに上がるだけだ。

56　経済問題についての世間の誤解の例として、1918年12月3日の『タイムズ』(*The Times*) 紙宛てにシドニー・ロウ卿が送った以下の手紙は、引用に値する。「私はドイツの鉱物および化学資源を2500億ポンドかそれ以上だとする権威ある推計を見ている。そして、ルール河床炭鉱だけでも450億ポンド以上の価値があるとされる。いずれにしても、こうした天然資源の資本価値は、連合国すべての戦争負債総額よりもずっと大きいのは間違いない。なぜ、この富の一部を現在の所有者たちから十分な期間だけ召し上げて、ドイツが攻撃し、強制移住させ、手傷を負わせた人々に割り当てないのか？　連合政府はドイツに対し、今後30、40、50年にわたり、たとえば年間1億〜2億ポンドを生み出すような炭鉱や鉱脈の利用を明け渡すよう、正当に要求すればよいではないか。この手法により、われわれはドイツから十分な補償を得つつ、ドイツの製造業や輸出業を刺激しすぎてわが国を無用に貧窮化せずにすませられるのである」。もしドイツが2500億ポンド以上の富を持っているなら、なぜシドニー・ロウ卿が年額たった1億〜2億ポンドのはした金で満足するのかはよくわからない。しかし、かれの手紙は、一部の考え方についての見事なreductio ad absurdum[訳注：誇張することで、その議論のばかばかしさを明らかにする論法]となっている。地球の奥底何キロも深くにある石炭の価値を、石炭置き場にある石炭の価値と同じだと設定し、1000ポンドの租借を999年続けると99万9000ポンドとなり、畑の価値をそこが時間の果てまでに育てるあらゆる作物の価値で（おそらくは）計算するという計算手法を使えば、すばらしい可能性が拓ける一方で、これは諸刃の剣でもある。ドイツの総資源が2500億ポンドあるなら、アルザス＝ロレーヌ地方と上シレジアの割譲でドイツが失う資源だけでも、戦争のあらゆる費用と賠償金額をすべて支払ってお釣りがくるほどのものとなる。実のところ、ドイツのあらゆる種類のあらゆる鉱山の**現在の**時価は3億ポンド、あるいはシドニー・ロウ卿の期待の1000分の1を少し上回る程度でしかない。

57　50億マルクをかつてと同じ為替レートで換算するのは、現在のマルク価値下落のため、実際の恩給支払いの金銭負担を過大に示すことになるが、あらゆる面から見

て、戦争の死傷の結果としての国民生産性の実質的損失を、過大に見積もることにはならない。

58 ついでに、国の剰余生産性に対する生活水準低下の影響は諸刃の剣なのも見逃せない。さらに、白人が奴隷より多少ましというような状況に置かれたときの心理については、何の経験もない。だが、一般には人の余剰生産がすべて奪われたら、その人の効率性と生産性は下がるとされている。自分の興産の果実が子どもたちや自分たちの老年時代、プライド、地位のために取っておかれるのではなく、外国征服者の享受にまわされるとなれば、実業家や発明家は工夫をせず、貿易人や商人は貯蓄せず、労働者は頑張らなくなるだろう。

59 会議の妥協と遅れの中で、とにかく何か結論を出そうとしたために、多くの質問については曖昧さと不確実性の余白を大きく残すことが必要だった。会議の手法すべてがこの傾向を助長した――四人会議は和解など求めておらず、条約が結ばれることを望んだ。政治と領土の問題では、最終的な仲裁を国際連盟に委ねる傾向にあった。しかし、財政経済問題の場合、最終的な決断は全般に賠償委員会に委ねられた――それが利害関係者で構成される実施機関だったにもかかわらず。

60 賠償金としてオーストリアが支払うべき金額は、賠償委員会の絶対的な裁量に委ねられ、条約の文中には明確な数字は一切出てこない。オーストリア問題は賠償委員会の特別部会が扱うことになっているが、この部会は本委員会が委任するもの以外には何の権限も持たない。

61 ブルガリアは、1920年7月1日から半年ごとの支払いで0.9億ポンド支払う。この金額は賠償委員会の代行として、ソフィアに本部を持つ連合国内統制委員会が徴収する。一部の点でブルガリア連合国内委員会は、賠償委員会から独立した権力や権限を持つようだが、それでも賠償委員会のエージェントとして活動するとされ、半年ごとの支払削減についてなどの点で賠償委員会に助言を行う権限がある。

62 条約下では、これは主要連合および連盟国政府がこの目的のために任命した任意の組織の機能であり、必ずしも賠償委員会の機能ではない。しかし、これ専用の目的のために第二の組織が樹立されることはないと思われる。

63 執筆時点では、これら諸国との条約は起草されていない。トルコは別の委員会によって扱われる可能性はある。

64 私が見るに(この段落に少しでも意味があるとすればだが)、そうした意図に対する以下の留保条項、「また第2付属書の第12(b)段落は、課税を決めたり強制したり、ドイツ予算の性質を左右したりする力を委員会に与えるものではない」があるとはいえ、これこそが連合国の立場だとしか思えない。

65 これがどういう意味かは理解しがたいが。

66 元本返済が、最短33年で均等に支払われるとすると、これは元本残高に対し5パー

セント金利をかけた際に必要とされる支払額に比べ、負担を半減させる効果を持つ。

67　以上が本質的なポイントなので、ドイツの提案をこれ以上詳述するのは控える。

68　このため、本章で既述したドイツの支払能力についての私の推計とは、厳密には比較できない。私の推計は、条約の他の部分が発効した場合のドイツの状況を前提にしているからだ。

69　連合国側の条約批准の遅れのため、賠償委員会は1919年10月末になっても正式に発足していない。したがって、私の知る限り、上の提案を有効にすることは何も行われていない。だが状況を鑑みて、期日の延長があったかもしれない。

第6章　条約後のヨーロッパ

1　スターリング教授による『ドイツにおける食糧事情報告』(*Report on Food Conditions in Germany*)(勅令書280号)。

2　Darlehenskassenscheine［訳注：代用紙幣として使われた銀行による借用証］を含めるとさらに増える。

3　同様に、オーストリアでは物価はかつての水準の20倍から30倍の間だろう。

4　連合当局が休戦中にドイツの占領地域を統括するにあたって直面した、最も衝撃的で象徴的な困難は、同国に食糧を持ち込んでも、住民たちはその費用価格を支払うだけのお金がなかったということだった。

5　理論的には、自国物価が必要以上に低ければ輸出が刺激され、その結果として低物価は自律的に治療されるはずだ。だがドイツや、それ以上にポーランドやオーストリアでは、輸出するものがほとんど何もない。輸出が起こる**前に**輸入が必要なのだ。

6　もし、通貨価値の下落が通貨の総量の増加に比例するのであれば、黄金の減価を考慮すると、フランの交換価値は戦前の値の40パーセント未満となるはずで、現在の実際の価値である戦前の60パーセントにはならない。

7　フランスの国際為替レートが均衡［訳注：戦前のレート］からどれほど離れているかは、以下の表からもうかがえる。

月平均	輸入額(1000ポンド)	輸出額(1000ポンド)	輸入額の過剰分(1000ポンド)
1913年	28,071	22,934	5,137
1914年	21,341	16,229	5,112
1918年	66,383	13,811	52,572
1919年1～3月	77,428	13,334	64,094
1919年4～6月	84,282	16,779	67,503

1919年7月	93,513	24,735	68,778

これらの数字はおおむね平価で換算してあるが、これは1918年と1919年の貿易が1917年の公式為替レートで価値換算されているという事実でおおむね相殺されている。フランスの輸入はこの数字に多少なりとも近いような水準ではとても継続できないし、こんな状況に基づいて繁栄を見せかけるのは、ごまかしでしかない。

8 イタリアについての数字は以下のとおり。

月平均	輸入額（1000ポンド）	輸出額（1000ポンド）	輸入額の過剰分（1000ポンド）
1913年	12,152	8,372	3,780
1914年	9,744	7,368	2,376
1918年	47,005	8,278	38,727
1919年1～3月	45,848	7,617	38,231
1919年4～6月	66,207	13,850	52,357
1919年7～8月	44,707	16,903	27,804

9 執筆中に発表された2回の最新報告（1919年10月2日と9日）で、1週間の紙幣発行増加額は、それぞれ1875万ポンドと1882万5000ポンドだった。

10 1919年10月3日に、ビリンスキー氏はポーランド国会に対して財政収支を発表した。今後9カ月間の歳出は過去9カ月の2倍強だと推計し、また過去9カ月間の税収は、歳出の5分の1にとどまり、今後9カ月ではそれが歳出の8分の1になるという。『タイムズ』紙のワルシャワ特派員によれば、「全般にビリンスキー氏の声色は楽観的であり、聴衆もそれに満足したようだった」。

11 オーストリア共和国に対して課された平和条約の条件は、同国の悲惨な状況の本当の事実とはまったく関係ない代物だ。1919年6月4日付のウィーンの『アルバイター・ツァイトゥング』（*Arbeiter Zeitung*）紙は、それについて以下のように論評している。「条約の内容が、その起草を導いているとされた意図をここまで壮絶に裏切った例として、このヴェルサイユ条約の場合以上のものは空前である。（中略）そこでは、あらゆる条項が残虐さと無慈悲さに満ちており、その中に人間的な同情心など一息たりともうかがえず、人と人とのあらゆる絆を正面切って否定し、それ自体が人類や、苦しむ虐げられた人々に対する犯罪となっている」。私はオーストリアに対する条約の詳細をよく知っているし、その条件の一部が起草されている現場にもいた者だが、この激怒の正しさに反論するのはその私ですら容易ではない。

12 過去何カ月にもわたり、中央ヨーロッパの帝国群における健康状態の報告はあまりにひどいもので、想像力も鈍ってしまい、それを引用するだけでほとんど感傷的な後ろめたさを感じてしまうほどだ。だが、その全体的な正しさは疑問視されていないので、読者がそれを知らずにはおかないように、以下の3つを引用しよう。「戦争

の最後の数年で、オーストリアだけでも3万5000人以上が結核で死亡し、うち1万2000人以上がウィーンで死んだ。今日では、結核での治療を必要としている人が少なくとも35万から40万人いると考えねばならない。（中略）栄養失調の結果として、血の気のない世代が育ちつつあり、筋肉も未発達、関節も未発達、脳も未発達となっている」（1919年6月4日付の『ノイエ・フレイエ・プレス』（*Neue Freie Presse*）紙）。オランダ、スウェーデン、ノルウェーの医学教授陣により、ドイツの状況を検討すべく指名された医師委員会は、1919年4月のスウェーデンの新聞に以下のように報告している。「結核は、特に子どもの間で驚愕するほどの増加を見せており、それも全般に悪性である。同様にくる病がさらに深刻で、もっと広く見られる。こうした病気に対しては何も対策が取れない。結核患者のためのミルクはなく、くる病に苦しむ者たちに与える肝油もない。（中略）結核はこれまで例外的な症例でしか見られなかったような、ほとんど前代未聞の側面を見せ始めている。全身が同時に病気に襲われるのであり、この形の病気はほぼ治療不能である。（中略）結核はいまや成人ではほぼ致死的となる。入院患者の90パーセントが結核である。食糧不足のため、これに対しては何の手も打てない。（中略）それは極度にひどい形で表れる。たとえば腺結核などで、これは化膿性の溶解を引き起こすのだ」。以下は『フォシッシェ・ツァイトゥング』（*Vossische Zeitung*）紙の1919年6月5日付に載った、エルツゲビルゲにフーヴァー使節団と同行した記者によるものだ。「私は広大な農村地区を訪れたが、子どもの90パーセントはくる病で3歳児がやっと歩き始めるという状態だった。（中略）エルツゲビルゲの学校に同行してほしい。幼児のための幼稚園かと思うだろう。いや、これが7、8歳の子どもなのだ。小さな顔と大きな淀んだ目をして、巨大な膨れ上がったくる病のおでこがその上に張り出し、小さな腕は骨と皮だけ、関節の張り出した曲がった脚の上には飢餓の浮腫で膨れ上がり尖った腹がのっている。（中略）現場の医師が説明した。『この子どもをごらんなさい。すさまじい量のパンを食べたんですが、ちっとも強くならなかったんです。調べると、この子はもらったパンをすべて藁のマットレスの下に隠していました。飢餓の恐れがあまりに強く心に焼きついて、食べ物を食べるより集めて貯め込んだんです。動物的本能が方向を誤って、実際の苦痛よりも飢餓の恐れのほうがひどく感じられるようになってしまったのです』。それなのに、こうした子どもたちが40歳か50歳になるまで、イギリスの納税者を助けるために賠償金を支払い続けるのが正義だ、という意見を抱いているとおぼしき人々がたくさんいるのだ」。

第7章　修正案

1　イギリスについての数字は以下のとおり。

月平均	純輸入額	輸出額	輸入額の過剰分

	(1000ポンド)	(1000ポンド)	(1000ポンド)
1913年	54,930	43,770	11,160
1914年	50,097	35,893	14,204
1919年1〜3月	109,578	49,122	60,456
1919年4〜6月	111,403	62,463	48,940
1919年7〜9月	135,927	68,863	67,064

だがこの過剰は、決して見た目ほど深刻なものではない。というのも、現在の商業海運の高い貨物収益により、イギリスの各種「目に見えない」輸出はおそらく戦前よりさらに増えており、平均で少なくとも月額4500万ポンドにはなっているはずだからだ。

2　ウィルソン大統領は、賠償金支払いの監督が国際連盟に委託されたと述べているがこれは間違いである。第5章で指摘したとおり、国際連盟は平和条約の継続的な経済領土条項のほとんどに登場するが、賠償に関してはこれが当てはまらない。賠償の問題と改訂については、賠償委員会が国際連盟の一切の関与なしに最高の地位を占める。

3　これらの条項は加盟国間の戦争勃発に対する安全弁を提供し、加盟国と非加盟国との戦争も抑えるもので、この憲章の確固たる成果だ。こうした条項は、1914年のような組織化された列強間の戦争を非常に起こりにくくしている。これだけでも、国際連盟は万人から誉めたたえられるべきだ。

4　「保護主義的な関税」とは、(a) 一部輸入品の完全禁輸、(b) 自国で生産されていない商品に対して奢侈禁止関税または収入関税をかける、(c) 自国で生産される類似商品に対する補償金の5パーセントを超えない関税、(d) 輸出関税、以上4つを認めることだと定義するのが簡便だろう。さらに、連合に加入する国の多数決により、特例で例外を認めることもできる。連合加盟の5年前から存在していた関税は、連合加入後5年にわたり均等に関税率を引き下げて解消すればよい。

5　この表の数字の一部は推計値であり、おそらく細かい点で完全に正確ではなかろう。だが、ここでの議論の目的には十分な精度を持つ概数となっている。イギリスの数字は1919年10月23日の白書（勅令書377号）からとった。実際の債務整理においては、一部の黄金による借款や、その他との関連で補正が必要になるだろうし、以下の議論では大まかな原理原則にだけ注目している。合計の数字は、イギリスがアメリカの債券市場で発行した国債による融資と、フランスがイギリスやアメリカの債券市場から調達した融資、イングランド銀行からの融資は含んでいない。

6　これは、ボリシェヴィキ革命以来の負債利息は一切含まない数字である。

7　これらの国への融資には、利息はかけられていない。

8　現在までのアメリカによる実際の融資総額は20億ポンドに近いが、最新の正確な数

字が手元にない。

9 1916年夏から1917年4月のアメリカ参戦までの6カ月におけるイギリス財政史は、いまだに書かれていない。こうした時期のすさまじい不安ときわめて困難な財政要件に日々接していた6人ほどのイギリス財務省の官僚以外で、どれほど不動の意志と勇気が必要だったか、そしてアメリカ財務省の支援がなければ、この作業が間もなくいかに完全に絶望的なものとなったはずかについて理解している人物はほとんどいない。1917年4月以降の財政問題は、それ以前の問題とはまったく性質の違うものだった。

10 フーヴァー氏は、パリ会議を経て評判を上げた唯一の人物だ。この複雑な人格と、悩める巨人の雰囲気（人によっては、疲れきったボクサーの雰囲気とも言う）の持ち主は、ヨーロッパの状況に関する正しく本質的な事実から常にしっかり目を離さず、パリの会議に参加したときには、そこにまさに現実性、知識、鷹揚さ、無私無欲の雰囲気を持ち込んだ。もしそれが会議の他の部分でも見られていたなら、よき平和が得られていただろう。

11 アメリカ参戦後ですら、アメリカが負担したロシアの支出の大半や、ロシア政府の他の外国政府負担支出は、イギリス財務省が支払わねばならなかった。

12 アメリカ財務省は、今後3年にわたり連合国政府に対する融資の利息分を負担（つまりその分を追い貸し）することに合意したと報じられている。イギリス財務省も、おそらく追随すると思われる。こうした負債はいずれ返済されねばならないので、複利計算で返済額が積み上がることで、ポジションは次第に悪化する。しかし、アメリカ財務省が賢明にも提示したこの取り決めは、戦後の実情がやがて明らかになるにつれて、それに照らして問題の全体像について冷静に検討するための、不可欠な時間を与えてくれるものだ。

【著者紹介】
ジョン・メイナード・ケインズ（John Maynard Keynes）
1883年イギリスに生まれる。1905年ケンブリッジ大学キングズカレッジ卒。マクロ経済学の基礎を確立した、20世紀を代表する経済学者。1946年没。著書に『雇用・利子および貨幣の一般理論』、『貨幣論』、『貨幣改革論』など。

【訳・解説者紹介】
山形浩生（やまがた　ひろお）
評論家、翻訳家。東京大学大学院工学系研究科都市工学科およびマサチューセッツ工科大学不動産センター修士課程修了。著書に『新教養主義宣言』ほか。訳書に『超訳 ケインズ「一般理論」』、ピケティ『21世紀の資本』、クルーグマン『クルーグマン教授の経済入門』ほか多数。またネット上でケインズなどの著作の多くを翻訳公開。
https://cruel.hatenablog.com/
https://cruel.org/

新訳　平和の経済的帰結
2024年1月23日発行

著　者———ジョン・メイナード・ケインズ
訳・解説者——山形浩生
発行者———田北浩章
発行所———東洋経済新報社
〒103-8345　東京都中央区日本橋本石町 1-2-1
電話＝東洋経済コールセンター　03(6386)1040
https://toyokeizai.net/
装　丁…………橋爪朋世
D T P…………アイランドコレクション
印　刷…………港北メディアサービス
製　本…………積信堂
編集担当………川村浩毅
Printed in Japan　　ISBN 978-4-492-31557-6